Babette Reinhold-Devrient

„Aber was es unter lieben Kollegen an Verdrießlichkeiten gab, ist längst verraucht. Die stürmisch geweinten Tränen sind getrocknet. Blickt man einmal vierzig Jahre zurück, so sieht man nur das Rosenfarbene der Vergangenheit! Und man grüßt die Freunde, die gestorben sind, die Konkurrentinnen, die längst das Feld geräumt haben. Wir waren jung, schlugen und vertrugen uns, aber vor allem erfochten wir gemeinsam unsere Siege für das Burgtheater, seinen Ruhm und seine Größe.“

Babette Reinhold-Devrient anlässlich ihrer vierzigjährigen Mitgliedschaft am Burgtheater 1929

Babette Reinhold-Devrient

Eine Burgschauspielerin aus Hannover

Rainer Ertel

Bibliografische Information der Deutschen Nationalbibliothek:

Die Deutsche Nationalbibliothek verzeichnet diese Publikation in der Deutschen Nationalbibliografie; detaillierte bibliografische Daten sind im Internet über http://dnb.de.dnb.de abrufbar.

Zum Titelbild:

Porträt der k. und k. Hofschauspielerin Babette Reinhold-Devrient (*Medaille/Plakette von Peter Breithut (1869-1930), aus: Deutsche Kunst und Dekoration, Band 3, Oktober 1898 – März 1899, S. 236*)

© 2024 Dr. Rainer Ertel

Herstellung und Verlag: BoD – Books on Demand, Norderstedt

ISBN: 978-3-75831-580-0

Inhalt

Das Wiener Gastspiel von Babette Reinhold 1887

Mit der in Hannover geborenen Schauspielerin Babette Maasch, die sich den Künstlernamen Reinhold gegeben hatte, trat im Juni 1887 eine junge, damals am Thalia-Theater in Hamburg[1] tätige Künstlerin ein Gastspiel am k.k. Hofburgtheater in Wien an:

„Sie debütierte am 6. Juni als ‚Paula' in ‚Georgette', am 8. als ‚Käthchen von Heilbronn', am 11. als ‚Ella' im ‚Hexenmeister' und am 14., 17., 20. und 23. abermals als ‚Paula'. Wie in Hamburg, so gefiel diese anmutige, begabte, liebenswürdige Schauspielerin auch in Wien, und wurde engagiert."[2]

Nach Abschluss des Gastspiels erfahren wir aus der „Neuen Freien Presse" in Wien[3], dass man unter der derzeitigen provisorischen Führung des Herrn Sonnenthal glaube, mit den Fräulein Formes und Reinhold „[...] das Personal des Burgtheaters aufs beste vervollständigt zu haben und der nächsten Saison mit Beruhigung entgegensehen zu können. Auf Fräulein Formes wurde der General-Intendant von Hamburg aus aufmerksam gemacht. Diesem Winke folgend, entsendete er Herrn Hartmann nach Hamburg, der, nachdem er Fräulein Formes in mehreren Rollen gesehen, auf ihr Engagement einrieth. Auf dem Rückwege in [?] Berlin sah Herr Hartmann das Fräulein Reinhold, und auch deren Engagement wurde von ihm angerathen."[4] Babette selbst erinnert sich anlässlich Ihres vierzigjährigen Burgtheaterjubiläums daran, dass Ernst Hartmann nach Hamburg gereist war, um die Formes anzusehen, sie aber bei dieser Gelegenheit habe spielen sehen, „[...] und nicht mehr locker ließ."[5] Noch etwas anders klingt die Version , dass Babette eine Empfehlung aus Hamburg besaß, denn Sonnenthal sei von dem damaligen österreichischen Generalkonsul Baron Westenholz „[...] brieflich auf

‚ein Fräulein Reinhold' aufmerksam gemacht worden, von dem der Diplomat ein gar köstliches Loblied zu singen wußte. Sonnenthal bat den Generalkonsul, Fräulein Reinhold ‚augenblicklich' nach Wien zu schicken. Sie möge Probe, eventuell auch am Abend spielen."[6]

Während des Gastspiels in Wien vom 6. bis zum 23. Juni 1887 erhielt Babette Reinhold für ihre verschiedenen Rollen von der Wiener Presse stets freundliche Kritiken – so schon für ihre Antrittsrolle als ‚Paula' in Sardous „Georgette" (**Abb. 1**), wo man lesen kann: „Eine freundliche Erscheinung und eine kleine, gewinnende Stimme, die sofort zu sagen scheint: eigentlich bin ich eine Naive – diese beiden hervortretenden Merkmale des Gastes machen sich sofort angenehm geltend. Fräulein Reinhold plauderte hübsch vom Munde weg, und die das Wort begleitenden Geberden waren von einer steifen Grazie, die sich mit der Zeit lösen dürfte. Mit dieser Begabung und diesen Mitteln brachte sie in ihrer großen Scene im dritten Aufzuge doch eine volle Wirkung hervor; sie hatte starken Beifall bei offener Scene und wurde schließlich aufs kräftigste gerufen. Eigentlich schwamm sie als Paula gegen den Strom ihres Talents: wie viel erfreulicher wird sie wirken, wenn sie sich im Verlaufe ihres Gastspieles in der Richtung ihres Talents bewegen kann."[7]

Ähnlich urteilt die Wiener Abendpost[8], wo es heißt, dass die junge Schauspielerin Erfolg hatte, obgleich sie in einer Rolle antrat, die nicht ihrem eigentlichen Fach angehört: „Die schlanke Mädchengestalt, jugendlich-anmuthige Bewegungen, unter dunklen Brauen und Lidern hervorlugende, klug-lachende Augen, Organ und ganzes Wesen bestimmen Frl. Reinhold für das Lustspiel. In ‚Georgette' z.B. wäre Ihre Rolle die Aurora, welche Frl. Hohenfels spielt. Natürliches Spiel, ungekünstelte Redeweise, ehrlicher, warmer Ton und ursprüngliche Naivität des Frl. Reinhold brachen aber auch in der nicht ganz für sie passenden Rolle siegreich durch; die junge Schauspielerin wurde bei offener Scene applaudirt und nach dem dritten Acte wiederholt gerufen. Richtig verwendet, würde das schöne Talent des Frl. Reinhold hier bald die künstlerische Reife erhalten."

Abb. 1: Theaterzettel für den ersten Gastspielauftritt Babette Reinholds in Wien (Österreichische Nationalbibliothek ANNO)

In ihrer zweiten Rolle (als Käthchen in Kleists „Käthchen von Heilbronn") konnte sie dann das Gastspiel „mit steigendem Erfolge" fortsetzen:

9

„Auch heute rührte die Gastin durch Einfachheit und Natürlichkeit, Tugenden, die selten eine Schauspielerin schmücken, am wenigsten eine junge."[9]

Schließlich trat sie in ihrer dritten Rolle als „Ella" in dem Lustspiel „Der Hexenmeister" auf: „Zum ersten Male war hier heute Frl. Reinhold im rechten Fahrwasser. Das Lustspiel ist der Boden, auf welchem dieses Talent sich vollkommen zu Hause fühlt. Hier kann sich die junge Schauspielerin geben, wie sie ist, einfach, natürlich, ungeziert." In der entscheidenden Szene im dritten Akt ließ sie sich gemäß dieser Kritik „[...] hinreißen von der Ausgelassenheit der Jugend, hinreißen von der plötzlich aufflammenden Leidenschaft der Liebe. Sie hatte gewonnenes Spiel, ein starker Applaus ging durch den Saal, man rief sie nach dem Actschlusse. Die Zwischenacte waren heute endlos, noch länger als sonst."[10] „Der Floh" berichtet in seiner Ausgabe vom 12. Juni 1887, also schon nach ihrem zweiten Auftritt in Wien, unter der Überschrift „Theatralia", dass nach dem Debut des Fräuleins Babette Reinhold ein poetisch angehauchter Kritiker nicht umhin konnte, der jungen Künstlerin folgende Zeilen zu widmen:

„Mir ist als ob ich die Hände
Auf's Haupt Dir legen sollt',
Betend, daß Gott Dich erhalte
So schön und – Reinhold."

Ein schöneres Kompliment (und zugleich die Bestätigung für die kluge Wahl ihres Bühnennamens) hätte sich die junge Künstlerin bei ihrem Wiener Gastspiel wohl kaum wünschen können.

Eine ausführliche Kritik ihres Gastspiels gibt Ramberg in der „Allgemeinen Theater Chronik". Er findet dort neben deutlichen, kritischen Worten zu ihrem Auftritt als „Paula" („Es fehlt ihr vorläufig der gesellschaftliche Schliff") aber auch lobende Worte für ihr „Käthchen" („Moderner aber kann wol das Käthchen nicht gespielt werden, als von Frl. Reinhold geschehen"). Abschließend begrüßt er dann ihre Anstellung und stellt fest, dass das Burgtheater junge Talente brauche, „und Fräulein Reinhold ist ein solches."[11]

Übrigens hat auch Kaiser Franz Joseph Babette bei ihrem Gastspiel gesehen, allerdings leider nicht im „Hexenmeister", wie er in einem Brief an Katharina Schratt vom 14. Juni 1887 schreibt: „[...] Auch hätte es mich interessiert, Frln. Reinhold in der Rolle unserer Freundin ?? Hohenfels zu sehen. In der Zeitung las ich, daß in dieser Vorstellung eine Zisch Clique wirkte, welche ziemlich deutlich dem Einflusse der Letzteren zugeschrieben wird. Das wäre doch recht gemein. Im Käthchen von Heilbronn gefiel mir der jugendliche Gast recht gut. Sie war sehr herzig und einfach, nur muß sie noch vieles lernen."[12]

Ein kurzer Blick auf ihre Hamburger Zeit
1883 bis 1889

„Fräulein Babette Reinhold, die junge talentierte Liebhaberin, welche unter der Ernst'schen Direktion im Berliner Victoria-Theater die Recha im ‚Nathan' spielte, ist am Hamburger Thalia-Theater als Preciosa aufgetreten und nach glücklichstem Erfolg sofort auf drei Jahre engagiert worden."[13]

Zu ihrer Hamburger Zeit erfahren wir Näheres bei Eisenberg, der mitteilt, dass Babette ihre schauspielerische Ausbildung bei Frau Grey erhielt (gemeint ist aber nicht Valerie Grey, die in ihrer Theaterschule in Wien u.a. Josef Kainz (1858-1910) und Josefine Wessely (1860-1887) ausgebildet hatte, sondern Auguste Gey, die Tochter des in Hannover engagiert gewesenen Hofopernsängers Traugott Gey (1796-1875), d.V.) und dass sie im September 1883 als „Preciosa" in Hamburg zum ersten Mal die Bühne betreten habe (**Abb. 2**).

Weiter heißt es dort: „Ihr liebliches Wesen, ihre einnehmende Erscheinung und ihr frisches, sympathisches Talent gefielen und warben ihr während der vierjährigen (richtig: fast sechsjährigen, d.V.) Tätigkeit daselbst als Naive und jugendlich-tragische Liebhaberin viele Freunde."[14]

Offenbar war ihre Wirkung und ihr Liebreiz dabei so groß, dass ein sechzehnjähriger Kaufmannslehrling, der sich seit einem halben Jahr rasend in Babette verliebt und dem sie einen Korb gegeben hatte, neben anderem Schabernack (wie angebliche Bestellungen und Aufträge in ihrem Namen) 1887 im „Hamburger Fremdenblatt" eine Verlobungsanzeige aufgab und ein paar Wochen später in den „Hamburger Nachrichten" sogar inserierte, dass sie von einem munteren Knaben genesen sein sollte.[15] Babettes Anwalt ging der Angelegenheit nach und der jugendli-

Abb. 2: Babette Reinhold in ihrer Hamburger Zeit 1883 (KHM-Museums-verband, Theatermuseum Wien)

che Verehrer erhielt vom Landgericht eine dreimonatige Gefängnis-
strafe.

Bei der Anfang 1888 in Hamburg stattgefundenen Uraufführung der
„Prinzessin Sascha" von Paul Heyse (1830-1914) spielte Babette in Anwesenheit des Autors, der von der jungen Schauspielerin begeistert
war, die Titelrolle. Der „Dichterfürst" und spätere Literaturnobelpreis-
träger zählte bis zu seinem Tode zu ihren treuesten Verehrern und
Freunden.[16]

In „Schorers Familienblatt", das auf dem Titel seiner Beilage (Nr. 5,
1889) „Junge Schönheiten der deutschen Bühne" abbildet, findet auch
Babette Reinhold, Hamburg ihren Platz (**Abb. 3**). Der zugehörige Kom-
mentar lautet:

*Abb. 3: Babette Reinhold, Hamburg (Schorers Familienblatt, Beilage zu
Nr. 5 -1889, Titelseite)*

14

„Wenn dieses Antlitz wunderhold/ Und diese Stimme glockenhell/ Ich mir symbolisch denken wollt' - /So müßte dies die – Reinhold sein."

Zu den dort abgebildeten, acht jungen Schauspielerinnen zählt übrigens auch Margarethe Formes, die, ebenfalls vom Thalia-Theater kommend, schon am Wiener Burgtheater engagiert war (siehe dazu auch das folgende Kapitel).

Babettes „[...] Abgang bedeutete für das Thalia-Theater einen schmerzlichen Verlust. Besonders bedauert wurde ihr Scheiden von der hohen Direktion, deren persönliche Gunst und Zuneigung sich die Reinhold vor allem erworben hatte. Ohne Kulissengeschwätz geht es nun einmal nicht beim Theater, und so wurde denn auch in jenen Jahren über Babette Reinhold von bösen und weniger bösen Zungen allerlei gemunkelt. Heute läßt sich nicht mehr feststellen, ob die Verdächtigungen, die damals im Umkreise des Theaters ausgesprochen wurden, wirklich zutrafen. Wahr aber ist, daß die Abschiedsworte, die der Chef des Hauses an die Scheidende richtete, überall ein seltsames Schmunzeln auslösten. Gustav Maurice, der den Thron seines Vaters Chérie eingenommen hatte, sagte: ‚So rein und hold, wie sie zu uns gekommen, so verläßt sie uns wieder!' [...]."[17]

Zum Schluss noch eine Meldung, die selbst überregionale Aufmerksamkeit gefunden hat: „Der ‚Hamb.-Gen.Anz.' schreibt: Babette Reinhold ist auch nach ihrer Benefizvorstellung noch der Gegenstand stürmischer Ovationen gewesen. Eine nach vielen Hunderten zählende Menschenmenge erwartete die gefeierte Schauspielerin vor dem Theater und begrüßte sie mit stürmischen Hochs. Als Frl. Reinhold darauf ein Bouquet unter die Menge warf mit den Worten; ‚Nehmt hin!' da entstand ein wahrer Wettkampf und Alles riß sich um ein Blatt oder eine Blume der Gefeierten. Selbst die Haarschleife löste man ihr und in wallendem Haar stand die junge Darstellerin unter dem Schutze eines Konstablers und wartete auf eine Droschke. Aber selbst auf der Fahrt nach ihrer Wohnung stürmte das enthusiastische Publikum nach und suchte noch ein

Andenken zu erhaschen. Einige kühne Verehrer küßten ihr sogar die Hand. ‚Nehmt Alles – Alles!‘, nur laßt mir meine Brillanten!‘ – Für eine ‚Naive‘ hat Frl. Reinhold ganz praktische Ansichten.“[18]

Verhandlungen in Wien und das Engagement von Margarethe Formes

Wie schon eingangs zitiert, war man am Hofburgtheater 1887 der Meinung, mit den Fräulein Formes und Reinhold der nächsten Saison „mit einiger Beruhigung entgegensehen zu können." Die Wiener Allgemeine Zeitung stellt dazu fest: „In letzter Zeit wurden wieder drei neue Schauspielerinnen engagiert, jung, jünger am jüngsten, Fräulein Dumont (Louise Dumont, [1862-1932], d.V.), Fräulein Reinhold und Fräulein Formes. Sie bringen in das alte Haus, mit dessen Herrlichkeit es bald zu Ende geht, noch einen letzten Frühling."

Babette Reinhold , deren Vertrag nach ihrer Aussage noch vom scheidenden Burgtheaterdirektor Adolf Wilbrandt geschlossen wurde, konnte aber nicht schon zur nächsten Saison, sondern erst zum 1. Juni 1889 nach Wien wechseln, denn sie musste zuvor ihre Hamburger Verpflichtungen erfüllen.[19] Zu klären war wohl auch die Höhe ihrer Gage, wenn wir lesen: „Wiewohl bereits vor mehreren Tagen die Nachricht von dem vollzogenen Engagement der jugendlichen Naiven Fräulein Reinhold signalisiert war, scheinen die Unterhandlungen mit der hoffnungsvollen Künstlerin bisher zu keinem Resultate geführt zu haben. Die Direction ist, wie es scheint, nicht geneigt, auf die Bedingungen der Künstlerin einzugehen. Sie hat nämlich in Hamburg eine jährliche Gage von 15.000 Mark bezogen. Hier bietet man ihr blos 5000 fl. jährlich. Fräulein Reinhold verläßt somit in den nächsten Tagen Wien."[20]

Margarethe Formes (1869 -1942) hat dagegen ihr Engagement am 13. Juni 1887 sofort angetreten und wird von 1887 bis 1889 als Burgschauspielerin geführt.[21] Ihr „Abgang durch Heirat" ist also erst 1889 und nicht schon 1887 erfolgt, wie wir bei Eisenberg lesen[22] – Babettes

Gastspiel 1887 kann demnach auch nicht im Hinblick auf den Ersatz ihrer Kollegin geplant gewesen sein.[23] Die monatlich erscheinende „Wiener Theater-Zeitung", die die ersten Auftritte beider junger Schauspielerinnen 1887 kommentiert, stellt hierzu richtig fest: „Als Jeanne in ´Lady Tartuffe´ trat Frl. Formes auf und erfreute sich wie Frl. Reinhold sofort eines vollen Erfolges: und wurde ebenfalls engagirt."[24] Hier erfahren wir außerdem, Margarethe Formes sei „die Enkelin eines großen Sängers und die Tochter eines trefflichen Schauspielers. Gibt es Vererbung in der Kunst, so ist ihre Zukunft gemacht."[25] So war es dann offensichtlich auch bei ihrem Engagement in Wien, bis wir zum Jahresende 1889 lesen, dass sich Margarethe Formes nach ihrer geplanten Hochzeit (mit Baron Heinrich Maximilian von Königswarter am 4. März 1890 in Hamburg, d.V.) dauerhaft ins Privatleben zurückziehen werde und damit eine Künstlerlaufbahn abschließe, „[...] die, zwar nur einen kurzen Zeitraum umfassend, dennoch reich an schönen Erfolgen war und für die Zukunft die schönsten schauspielerischen Darbietungen erwarten ließ." Wieder einmal bewahrheite sich damit die vom früheren Burgtheaterdirektor Heinrich Laube (1806-1884) vorgebrachte Klage, „[...] daß sein werthvollster Nachwuchs ihm durch den Eintritt in den Ehestand vorzeitig entzogen werde."[26]

Angesichts des Burgtheaterjubiläums 1926 erinnert sich Baronin Margarethe Königswarter-Formes später noch einmal an ihre seinerzeitige Ankunft im „alten" Burgtheater am Michaelerplatz wie folgt: „Das ganze Publikum, das eine große Burgtheaterfamilie bildete, fühlte sich durchdrungen von der Wichtigkeit dieser Kunststätte und folgte atemlos gespannt und verständnisvoll jeder neuen Aufgabe seiner Lieblinge. Von Hamburg aus schon an ein verstehendes Publikum gewöhnt, fühlte ich sofort den Unterschied dieser jahrelang zur Mitarbeit erzogenen Zuhörerschaft so stark, daß ich in meiner sechzehnjährigen Begeisterung ausrief: ‚Aber hier versteht man ja jeden Beistrich!'."[27] Nicht unerwähnt sei, dass die Baronin im Mai 1913 auch eine Stiftung unter ihrem Namen gegründet hatte, deren Zweck die Gewährung von Stipendien zur Beschaffung von Theatergarderobe an unbemittelte Schauspielerinnen am Anfang ihrer Bühnenlaufbahn war.[28]

Die Burgtheaterzeit Babette Reinholds ab 1889

Am 12. Juni 1889 lesen wir, dass die Schauspielerin Babette Reinhold in Wien eingetroffen sei, um ihr Engagement am Burgtheater anzutreten und dass sie „in ihrer Abschiedsvorstellung in Hamburg Gegenstand großer Ovationen war."[29] Diese fand am 31. Mai 1889 statt – und das sie erwartende Wiener Publikum erfährt hierzu: „Die junge Künstlerin war der Gegenstand der schmeichelhaftesten Ovationen und wurde während der Vorstellung von Schönthan´s ‚Cornelius Voß' durch so stürmischen Beifall ausgezeichnet, daß sie schließlich einige Worte des Dankes an das Publicum richten mußte."[30]An ihrem neuen Arbeitsplatz debütierte Babette am 13. (und 25.) Juni 1889 ebenfalls als Paula in Schönthans Lustspiel „Cornelius Voß". „Als die unglückliche Babette erfuhr, daß man für ihr erstes Burgtheaterauftreten ausgerechnet einen dreizehnten ausgesucht hatte, weinte sie bitterlich. Dann nahm sie ihren ganzen Mut zusammen und setzte dem Kollegen Sonnenthal auseinander, daß man eine junge Dame, die der Liebling von Hamburg war, dem Burgtheaterpublikum doch nicht an einem Unglückstag präsentieren dürfe. Sonnenthal besaß ein weiches Herz, aber diesmal biß die kleine Debütantin auf Granit. Mit dem wundervollen Schmelz seines Männerbaritons sagte er, daß Aberglauben nur in der Provinz und eventuell in Hamburg erlaubt sei. Im Burgtheater sei man über solche Torheiten erhaben [...]."[31]

Und er sollte Recht behalten, denn die Kritik in der Neuen Freien Presse beginnt: „Der Personalbestand dieser Hofbühne hat heute eine sehr erwünschte Bereicherung erfahren" und fährt später fort: „Die anmuthige Erscheinung, das sympathische Organ und ihre gewinnende Darstellung nahmen auch diesmal das Publicum für die jugendliche Künstlerin sofort ein und verschafften ihr einen von Beifall und zahlreichen Hervorrufen begleiteten glänzenden Erfolg. Dem Burgtheater darf man Glück wünschen zum Besitz dieses vielversprechenden und erfreulichen Talents."[32] Ihre zweite Antrittsrolle war am 16. Juni 1889 die Eva in dem Lustspiel „Ein Erfolg" von Paul Lindau.

Über ihren selbstbewussten Auftritt im Burgtheater lesen wir in den „Wiener Caricaturen": „Frl. Reinhold, die jüngste Naive im Burgtheater – wenigstens dem Datum ihres Engagementsantrittes nach, um den sonstigen Rechtstitel mag sie mit Frl. Formes streiten – Frl. Reinhold also ist mit einem etwas kampfeslustigen Zug in die so über alle Maßen idyllisch gewordene Künstlerruhe am Franzensring, von der kaum mehr ein Geräusch in die Welt dringt, hineingefahren. ,Ich hab bis jetzt noch überall die Rollen gespielt, die ich spielen wollte und ich gedenke es auch hier so zu halten' - das soll die Losung der entschlossenen jungen Dame sein."[33] Dass Babette als „Burgtheater-Mauserl" dort gleich auf drei Konkurrentinnen im naiven Fach traf, macht die humoristisch-satirische Wochenzeitung „Der Floh" mit einer Titelkarikatur (**Abb. 4**) im Juni 1889 deutlich.[34]

Auf die angetroffene Konkurrenzsituation am Burgtheater dürfte auch ein überlieferter Albumeintrag Babettes vom Jahresende 1889 anspielen (**Abb. 5**), wenn sie schreibt: „Es ist dafür gesorgt, daß die Bäume nicht in den Himmel wachsen."

Dass Babette vor allen in Stella Hohenfels (1857-1920) eine Konkurrentin hatte, betont Saßmann anlässlich ihrer Pensionierung, wenn er daran erinnert, dass sie die Rolle der Naiven spielte, „wenn die süße Hohenfels es zuließ." „Wenn Frau Reinhold nun daran denkt, wie bald sie Siegerin blieb und im französischen Konversationslustspiel, das damals am Burgtheater einzigartig gespielt wurde, sich Lorbeeren erfocht und

Abb. 4: „In der That, ein reizendes Mädchen, das mit Talent und Liebreiz in's Burgtheater hineingeschlüpft ist. Sollten etwa die erbgesessenen 3 Kätzchen dieser Bühne dem neuen Ankömmling gegenüber auch das sprichwörtliche Mausen nicht lassen können?" (Titelblatt, Der Floh, vom 16.6.1889; Österreichische Nationalbibliothek ANNO)

wie die Hohenfels darüber zersprungen ist, wird sie mit den angenehms-
ten Erinnerungen in Pension gehen."[35]

*Abb. 5: Albumblatt mit der Unterschrift Babette Reinholds (Sammlung
des Verfassers)*

Von dem Kampf um die Glanzrolle in Paillerons „Maus" gibt es eine Ka-
rikatur im „Floh" vom 9. Februar 1890, die zwei ..krallen zeigende Kätzchen darstellt, denen im Hintergrund der Direktionsleiter Sonnenthal
hilflos zusieht (**Abb. 6**).

Abb. 6: „Director Sonnenthal. Ja, meine Damen. Zwei können die eine Rolle nicht spielen. Da kann ich mir nur mit dem umgekehrten Sprichwort helfen: ‚Wenn die Katzen einen Tanz wagen, kommt die Maus gar nicht ins Haus'". (Der Rollenstreit um die „Maus", Der Floh, 9.2.1890, S. 3; Österreichische Nationalbibliothek ANNO)

Als in Wien über die Errichtung eines Goethedenkmals diskutiert wird, zu dem 1889 ein Wettbewerb ausgeschrieben wurde, ist dies für die „Bombe" Anlass, auf der Titelseite den drei vorliegenden Entwürfen einen eigenen „Reinhold'schen" hinzuzufügen (**Abb. 7**). Er zeigt sie in ihrer damals bewunderten Hosenrolle als junger Goethe in Gutzkows „Königsleutnant". Realisiert wurde übrigens 1900 der Entwurf von Eduard von Helmer (1850-1935).

Abb. 7: *„Ob der Tilgner'schen, der Weyr'schen oder der Hellmer'schen Auffassung der Vorzug zu geben sei ? Wir glauben, die Reinhold'sche Auffassung – siehe Königslieutenant im Burgtheater – würde die meisten Verehrer finden" (Ein Entwurf zum Goethe-Denkmal, Die Bombe, XX. Jg., Nr. 11, 16.3.1890, Titel; Österreichische Nationalbibliothek ANNO)*

Doch noch sind wir am Beginn von Babettes Burgtheaterkarriere und wollen uns weiteren Stationen ihres Lebens zuwenden.

Knappe fünf Jahre nach ihrer Anstellung (und nach einer Vertragsverlängerung um weitere fünf Jahre bis Mai 1899) wurde Babette „von Sr. Majestät dem Kaiser von Oesterreich, mit a.h. Entschließung vom 7. d.M. (März 1894, d.V.) das Dekret als k. und k. Hofschauspielerin" verliehen.[36] Es überrascht daher, dass wir im September 1894 aus der Presse erfahren, dass Babette Reinhold um ihre Entlassung aus dem Verbande des Burgtheaters nachgesucht habe. Sie beklagte sich „[...] über kränkende Zurücksetzungen, welche sie innerhalb der letzten Jahre erfahren habe und welche zugleich geeignet wären, sie in der Entfaltung ihres Talentes zu beengen."[37] Als Beispiele wurden angeführt: Die, trotz des ausdrücklichen Wunsches des Dichters (Gerhart Hauptmann, d.V.), nicht erfolgte Zuteilung der Rolle des Hannele sowie der Entzug der Rolle der Franchon in der „Grille". Auch die Rolle der Luise in „Kabale und Liebe", die sie abwechselnd mit Fräulein Hruby (Elisabeth Hruby, 1871-1948, d.V.) spielen sollte, sei noch immer nicht in ihrem Besitz, und die Rolle der Rosi in Sudermanns „Schmetterlingsschlacht" sei nicht ihr, sondern einer Kollegin zugeteilt worden. In der Zeitung lesen wir dazu unter der Rubrik „Hinter den Coulissen" knapp und pointiert: „Sie war gekränkt, daß sie in der Besetzung übergangen wurde, warf in der üblichen Weise den Vertrag hin, aber das Entlassungsgesuch wurde gleichfalls in der üblichen Weise nicht bewilligt."[38]

Hochzeit mit Max Devrient 1895 und Ehekrise

Von einer weiteren Begebenheit berichten die Wiener Zeitungen im Mai 1895. Fräulein Reinhold habe „[...] bei einer Probe zu den Novitäten „Tabarin" und „Verbotene Früchte" wegen einer Costümfrage eine höchst unliebsame Scene hervorgerufen, welche eine Störung der Generalprobe zur Folge hatte. Fräulein Reinhold wurde in Folge ihrer erregten Stimmung unwohl und konnte am Abend nicht auftreten. Als dann auch der Bräutigam des Fräuleins Reinhold, Herr Devrient, erklärte, zu aufgeregt zu sein, um am Abende spielen zu können, sah sich die Direktion genöthigt, eine Verschiebung der Premiere eintreten zu lassen."[39] Die General-Intendanz beauftragte daraufhin die Direktion, den beiden ihre Missbilligung auszusprechen und einen Verweis zu erteilen, was auch geschah.

Die bei diesem Vorfall gezeigte „Solidarität" hatte ihren Grund darin, dass Babette und der k.u.k. Hofschauspieler Max Devrient (1857-1929) ein Liebespaar waren und in Kürze heiraten wollten. Das Neue Wiener Journal berichtet dazu am 1. Juni 1895: „Aus dem Burgtheater melden Fräulein Reinhold und Herr Devrient ihre bevorstehende Vermählung. Der Intendant hat ihnen bereits seine Rüge hierzu ertheilt. Sie werden in Zukunft brav Folge leisten auf den Proben. Herr Devrient war vorgestern beim Kaiser. Nachdem er und seine zukünftige Gattin mit Decret angestellt sind, mußten sie in herkömmlicher Weise von dem allerhöchsten Protector des Burgtheaters die Einwilligung zur Heirat erbitten."[40]Nach allerhöchster Zustimmung ist es dann am 1. Juli 1895 soweit: Den Wiener Zeitungen ist die Trauung des prominenten Künstlerpaares schon am selben Tag eine kurze Meldung wert, aus der wir u.a. erfahren, dass sie in der evangelischen Pfarrkirche in der Dorotheergasse erfolgen wird.[41] Einen Tag später bringt das Neue Wiener Journal unter der Überschrift „Eine Burgtheater-Trauung" sogar einen ausführlichen Bericht über das stattgefundene Ereignis, der hier auszugsweise wiedergegeben werden soll. Es heißt dort:

„Schon frühzeitig hatte sich ein sehr zahlreiches Publikum in der Kirche eingefunden; die Bevorzugten, welche im Besitz von Einladungskarten waren, füllten bald das Schiff der Kirche, während auf den Galerien Kopf an Kopf die dichtgedrängte Menge der Kunstverehrer stand, die trotz der Juli-Mittagshitze stundenlang ausharrte, um dem feierlichen Trauacte beiwohnen zu können [...]. Mit halbstündiger Verspätung erschien das Brautpaar; Fräulein Reinhold sah in ihrer weißen Atlasrobe, umhüllt von duftigen Tüllschleiern, die ein zarter Myrthenkranz am Kopfe zusammenhielt, wunderlieblich aus – sie war nie eine schönere Braut als gestern. Und auch Herrn Devrient kleidete die echte Bräutigamswürde vorzüglich [...]. Als Trauzeugen fungirten Generaldirector Palmer und Graf Hans Wilczek senior; außer den beiden waren als Hochzeitsgäste nur mehr die Mutter des Bräutigams und die jüngere Schwester der Braut anwesend. Den Trauungsact vollzog Pfarrer Zimmermann[42], der in tiefgreifenden Worten nicht nur dem Brautpaare, sondern auch dem ganzen großen Publicum mächtig zu Herzen sprach [...]. Vor der Kirche erwartete eine hundertköpfige Menge, trotz der sengenden Sonnenstrahlen den Platz behauptend, das Brautpaar, und umjubelt von stürmischen Hochrufen bestiegen die beiden verwöhnten Lieblinge des Wiener Publicums den Wagen."[43] Das junge Ehepaar bezog in der Hasenauerstraße 37 im XIX. Bezirk eine Villa, die Max Devrient 1.894 von Architekt Leopold Roth (ab 1895 Stadtbaumeister, d.V.) hatte erbauen lassen (**Abb. 8**). Das Haus mit der Inschrift „Klein, aber mein Babettenheim", wurde nach amtlichen Angaben bereits 1895 auf Babette als Eigentümerin überschrieben, die es bis zu ihrem Tode bewohnte.[44]

Abb. 8: „Klein, aber mein Babettenheim" (aus: Brunnbauer, 2003, S. 109; mit freundlicher Genehmigung von Verlag und Verfasserin)

Babette war also, sechs Jahre nach Antritt ihres Engagements am Burgtheater, in Wien und in der Wiener Gesellschaft „angekommen"; so gehörte sie z.B. beim Ball der Stadt Wien im Januar 1896 auch zu den Mitgliedern des Damencomités, die dem anwesenden Kaiser persönlich vorgestellt wurden[45] – dem sie allerdings auch schon Jahre zuvor bei der obligatorischen Antrittsaudienz als neue Burgschauspielerin begegnet war.

Überraschend ist im Januar 1897 dann folgende Meldung: „Frau Babette Devrient-Reinhold vom Wiener Burgtheater hat um ihre Entlassung nachgesucht, wie verlautet, wegen anhaltender Zurücksetzung und Nichtbeschäftigung."[46] Offenbar ging diese Angelegenheit aber genau so aus, wie das Entlassungsgesuch von 1894: sie blieb am Burgtheater!

Am 9. März 1897 wurde am Burgtheater erstmals Gerhart Hauptmanns ein Jahr zuvor entstandenes Märchendrama „Die versunkene Glocke" aufgeführt, wobei es bei der Besetzung der Rolle des Rautendeleins offenbar zu einem Konflikt kam: Direktor Burckhard erhielt nämlich von seinem Vorgesetzten (dem Hoftheaterintendanten Baron Bezeczny – nachdem Babette dort vorstellig geworden war) die Weisung, die sich bereits in Händen der Frau Hohenfels befindliche Rolle mit Frau Devrient-Reinhold zu besetzen: „Wenn man ihm das Recht der unbedingten Rollenbesetzung schmälern wolle, habe der Director hierauf erklärt, so würde er sich genöthigt sehen, seine Demission einzureichen." Darauf nun wieder sei ihm der Bescheid zugekommen: „Er möge sich die Sache 48 Stunden überlegen und alsdann seine Entschließung kundgeben." Er überlegte und – gab seine Entschließung nicht kund. So wurde ihm wenigstens das ‚elbische Wesen' nicht verhängnisvoll – aber Frau Devrient-Reinhold spielt die Rolle."[47]

Wie die „Wiener Caricaturen" aus Berlin erfahren, soll Hauptmann auch der Wiener Darstellerin ein Exemplar der „Versunkenen Glocke" zugedacht haben, und zwar mit derselben Widmung, die auch das Berliner Rautendelein Frau Agnes Sorma (1862-1927) erhalten hatte.[48]

Die Kritiken fielen diesmal allerdings für Babette wenig schmeichelhaft aus: „Was hat Fr. Reinhold-Devrient daraus (aus dem „zartduftigen Elfenkind Rautendelein", d.V.) gemacht? Diese Darstellung war ganz nach dem Typus ihres Hrn. Gemahls, der meist nur mit Aeusserlichkeiten bestechen will, gemodelt, und auch diese Aeusserlichkeit war keine harmonische. Ihre Bewegungen waren oft ungraziös und eckig. Vor allen Dingen aber fehlt ihrem Rautendelein der Märchenduft, sie hat uns mit Eichhörnchensprüngen die Elfenanmuth verkörpern wollen. Auch ihre

Gefühlsausbrüche waren kalt und gemacht, und so konnte es ihr nicht gelingen, uns ein Rautendelein, wie es dem Dichter vorgeschwebt hat, und wie es die Sorma im Berliner Theater anmuthreich verkörperte, zu bieten [...]. Fr. Hohenfels hätte aus dem Rautendelein sicher etwas Anderes gemacht."[49] Auch die Neue Freie Presse:„[...] das Stück, worin Hauptmann am meisten Dichter ist, hat durch die schließliche schwache Besetzung, da die richtige doch auf der Hand lag, empfindlichen Schaden gelitten") und das Neue Wiener Journal („In Kürze somit: Das Publicum wurde dem Dichter gerecht – die Darsteller nicht") sind sich am Tag nach der Aufführung in ihrer Bewertung einig.[50]

Selbst Kaiser Franz Joseph, der die versunkene Glocke ein Jahr später (am 8. März 1898) in anderer Besetzung des Rautendeleins im Burgtheater sah, teilte Katharina Schratt in einem Brief mit: „Frln. Medelsky (Lotte Medelsky 1880-1960, d.V.) war unvergleichlich besser als unsere Freundin Devrient Reinhold [...]."[51]

Gleichwohl erinnerte man sich bei späteren Rückblicken an ihre Burgtheaterzeit stets an Babettes dortige Rolle als erstes Rautendelein: die reizende Elfe, die nicht nur dem Meister Heinrich, sondern auch den Zuschauern den Kopf verdrehte.

Das Wiener Theatermuseum besitzt eine Aufnahme, die sie in ihrer Rolle als „Rautendelein" zeigt und die im Internet einsehbar ist (www.theatermuseum.at/de/object/555707/).

Vergleichbaren mädchenhafter Charme strahlt sie auch als „Titania" in Shakespeares „Ein Sommernachtstraum" in einer Aufnahme von 1897 aus (**Abb. 9**).

Babette Reinhold - Devrient.

Abb. 9: Babette Reinhold-Devrient als „Titania" in „Ein Sommernachtstraum" (Ausschnitt aus einer Correspondenz-Karte; Sammlung des Verfassers)

Nun aber einige Worte zu Babettes gerade schon angesprochenem Ehemann: Max entstammte dem berühmten Schauspielergeschlecht der Devrients, genauer: der zweiten Ehe Carl Devrients (1797-1872) mit Johanna Block, die im hannoverschen Adressbuch 1855 als Hofschauspielerin und Mitglied des Königlichen Hofopernhauses aufgeführt ist. Max wurde am 12. Dezember 1857 in Hannover geboren und besuchte hier auch die Schule. Sein Vater Carl[52] hätte es zwar „[...] gerne gesehen, wenn er Jurist oder Mediziner geworden wäre. Allein das Schauspielerblut pulsierte zu mächtig in seinen Adern und als er in Hannover im Jahre 1870 in einer Dilettanten-Vorstellung zu gunsten der Verwundeten ebenfalls mittun durfte (er spielte den ‚Octavio Piccolomini'), stand sein Entschluß fest, sich der Bühne zu widmen."[53] Nach Ausbildung am Königlichen Konservatorium in Berlin und Volontariat am Dresdner Hoftheater ab 1878, trat er am 15. Oktober 1881 in den Verband des Wiener Ringtheaters ein. Und „[...] wenn er auch infolge des entsetzlichen Brandes dieses Schauspielhauses nur wenig Gelegenheit gehabt hatte, daselbst zu wirken, so erregte dennoch seine Tätigkeit die Aufmerksamkeit der maßgebenden Faktoren insoweit, daß er für das Burgtheater verpflichtet wurde, woselbst er am 2. Januar 1882 als ‚Kosinsky' zum erstenmal als engagiertes Mitglied auftrat."[54] Am 21. Januar 1889 zum wirklichen k.u.k. Hofschauspieler ernannt, wurde Max Devrient 1902 auf Lebensdauer an das Burgtheater verpflichtet.

Wie die Programmhinweise des k.k. Hofburgtheaters zeigen, standen Babette Reinhold und Max Devrient schon am 19. September 1889 in dem wieder aufgenommenen Stück „Die Jüdin von Toledo" gemeinsam auf der Bühne: Sie als Isaaks Tochter Rahel und er als Sohn des Grafen von Lara. Aus der gemeinsamen Bühnenarbeit wurde aber im Lauf der Zeit mehr: Babette und Max verliebten sich und heirateten, wie schon ausführlich berichtet – allerdings ohne das erhoffte gemeinsame Glück auf Dauer zu finden. Das Burgtheater hat hierzu einmal folgendes mitgeteilt: „Ihre Ehe (seit 1895) mit ihrem Kollegen Max Devrient war, nach einer stürmischen Liebesgeschichte, denkbar schlecht … und wurde auch bald geschieden. Trotzdem standen die beiden (**Abb. 10**) weiterhin oft gemeinsam auf der Bühne."[55]

Abb. 10: Babette und Max Devrient (Ausschnitt aus einer Correspon-denz-Karte; Sammlung des Verfassers)

Das wöchentlich erscheinende „Interessante Blatt" weiß im ersten Märzheft 1899 über die Ehekrise zu berichten, dass Herr Devrient vom Burgtheater Urlaub erhalten und Babette sich krank gemeldet habe.[56] Im täglich erscheinenden Neuen Wiener Journal lesen wir Ende Februar 1899 aber bereits: „Die Devrient-Krise scheint erledigt zu sein. Für heute ist das Auftreten der Frau Devrient-Reinhold als Rautendelein angesetzt, und in einem Brief aus Berchtsgaden hat Herr Devrient erklärt, den schauspielerischen Dienst wieder anzutreten, und wird Montag in ,Unterstaatssekretär' spielen."[57] Den von der satirisch humoristischen Zeitschrift „Der Floh" vermuteten Konflikt, für welchen Teil sich der bedauernswerte Direktor nun entscheiden solle, gab es also nicht. Wir lesen aber dort zu den Hintergründen der Angelegenheit weiter: „Der schöne Max, der Gatte der noch schöneren Babette, der im Burgtheater die hinausgewiesenen Liebhaber spielt, ist dieses Mal von seiner eigenen Gattin hinausgewiesen worden. Hoffentlich hat ihm der Fall nicht allzu wehe gethan; jedenfalls war zum Glück eine barmherzige Schwester zur Pflege da, nämlich eine Schwester der schönen Babette."[58]

„Die einzige Tochter der Ehe, Susanne, blieb (nach der Trennung, d.V.) bei der Mutter. Als eine verehelichte Hauser starb sie ganz jung, auf eine rätselhafte Weise […]. Dann war Max Devrient mit der Schwester der Babette, Regine Elise Maesch [sic !], bis ans Ende seines Lebens verbunden, und diese Ehe war eine sehr glückliche."[59]

Außer der Eintragung auf einem Wiener Meldezettel sind zu dieser Verbindung aber keine Daten bekannt. Demnach hätte die Trauung mit Regine Elise Maasch, die sechs Jahre jünger als Babette war, erst im Mai 1919 (also etwa 20 Jahre nach der Trennung von Max und Babette) stattgefunden. Babette hatte nämlich einer Scheidung ihrer nach protestantischem Ritus geschlossenen und 1899 faktisch auseinandergegangen gangenen Ehe mit Max nicht zugestimmt, Max dagegen mit Dispens der niederösterreichischen Landesregierung die Schwester seiner Frau standesamtlich geheiratet. Babette, die die Gültigkeit dieser zweiten Ehe vor Gericht angefochten hatte, weil ihre Ehe mit Max nicht geschieden sei, bekam in zwei Instanzen Recht mit der Begründung, man könne durch einen ungesetzlich erteilten Dispens die bestehende Ehe nicht mit einem Federstrich aus der Welt schaffen.[60]

Das Wiener Theatermuseum besitzt eine seltene Aufnahme, die Max Devrient mit seiner neuen Lebensgefährtin „Gina" im Jahre 1908 zeigt (**Abb. 11**).

Abb. 11: Max Devrient und seine (spätere) zweite Frau Regine Elise, eine jüngere Schwester Babettes (KHM-Museumsverband, Theatermuseum Wien)

Lebenslange Anstellung am Burgtheater und Ehrungen

In die Zeit ihrer Ehekrise fiel auch die lebenslängliche Anstellung Babettes am Burgtheater am 1. September 1900. Hugo Thimig (ein Burgtheaterurgestein aus Dresden) erinnert sich in seinen Tagebuchnotizen daran wie folgt: „13. September (1900), Devrient der wüthend ist, daß sich seine von ihm angefeindete Frau durch die Schratt einen lebenslänglichen Vertrag herausgeschunden hat (12.000 fl. jährlich für die, die man sehr bald um 5000 würde haben können!), muß als Ehegatte diesen Vertrag mitunterschreiben!"[61] Zu ihrer Ernennung erfahren wir Näheres aus zwei anderen Quellen: Schlesinger erinnert sich: „Es trat der seltene, seit Laubes Zeiten vielleicht einzige Fall ein, daß das über den Kopf des Direktors hin geschah, ja eher gegen dessen Absicht und Willen. Es hatte dringendster und wirksamster Einflußnahme von anderer Seite und preremptorischer Weisung bedurft, um der Künstlerin die wohlerworbene Rechtsstellung zuzuteilen."[62]

Vermutlich kam diese „zwingende Weisung" für einen lebenslangen Vertrag so zustande, wie es bei Friedjung berichtet wird: "Die Schratt bat für die Devrient beim Kaiser, sie brachte die Devrient vor ihn, die Devrient tat einen Fußfall, und der Kaiser ließ sich zu einem Versprechen bestimmen."[63] Katharina Schratt[64] war Babette eine aufrichtige Freundin und Schutzpatronin geworden, „[...] wodurch sie oft und oft in die Gelegenheit kam, in Gesellschaft des Kaisers zu sein, an Dejeuners bald in der Villa Felicitas in Pfandl bei Ischl, bald in der Hietzinger Villa teilzunehmen [...]. Ihre prächtigen gesellschaftlichen Tugenden und vor allem ihr silberhelles Lachen halfen oft in Gemeinschaft mit Katharina Schratt die Sorgenfalten des Kaisers zu glätten."[65] Die Villa Felicitas, die unweit der Kaiservilla in Ischl lag, hatte die Schratt auf Vorschlag des Kaisers 1889 gemietet, um diesem näher zu sein, und damit dieser sie bequem und zu Fuß durch den Park zum Frühstück besuchen konnte. Die Hietzinger Villa lag an der Hietzinger Seite des Schönbrunner Schlossparks in der Gloriettegasse, womit der Kaiser sie auch in Wien bequem (jetzt durch den Schönbrunner Schlosspark) erreichen konnte. Nach anfänglicher Miete wurde diese Villa angekauft und auf Kosten des Kaisers umgebaut.[66]

Dass Babette auch außerhalb der Bühne zu begeistern wusste, erfahren wir 1902 aus der „Illustrierten Zeitschrift für die vornehme Welt. Sport und Salon." Dort heißt es: „Hofschauspielerin Babette Reinhold Devrient debütierte dieser Tage am Vorlesetische und hatte mit ihren reizenden Vorträgen außerordentlichen Erfolg. Ein zahlreiches distinguiertes Publikum hatte sich zu diesem Leseabende eingefunden, dessen Programm durchwegs Frauendichtungen enthielt, die Frau Reinhold mit feinem Geschmack ausgewählt hatte […]; sie erzielte als Vorleserin einen großen Erfolg, zu dem die Anmut und das bestrickende Wesen ihrer Persönlichkeit nicht in letzter Linie beitrug."[67]

Über ihre weiteren Rollen am Burgtheater informieren nicht nur die Ankündigungen und Kritiken in der Tagespresse, sondern auch zahlreiche archivierte Theaterzettel, auf die im Einzelnen einzugehen aber den Rahmen sprengen würde. Eine interessante Zahl aus der Auftrittsstatistik in der Burgtheatersaison 1891/92 sei hier aber erwähnt: Babette führte bei den Damen die Liste mit „116 Mal" an, während Katharina Schratt mit „82 Mal" Platz vier belegte.[68]

Gelegentlich finden sich auch Hinweise auf ihr Privatleben und ihre Präsenz bei gesellschaftlichen Veranstaltungen.

So wird ihr Name beim prächtigen Maikorso 1904 genannt, der mit offenen Kutschen über die Ringstraße in den Prater führte. Wir erfahren im Juli 1907, dass die Hofschauspielerin Babette Reinhold „zum

Kurgebrauch in Bad Pöstyen eingetroffen und in Ronais Grand Hotel abgestiegen ist" oder aus der gedruckten „Karlsbader Kurliste" vom 31. Juli 1912, dass sie mit ihrer Tochter Susanne dort im Etablissement Jägerhaus wohnt. Als ein Damenkomitee unter dem Ehrenpräsidium der Fürstin Lothar Metternich im eleganten, neuen Ronachersaal zugunsten des Ersten öffentlichen Kinder-Krankeninstituts 1907 einen Nachmittagstee-Empfang gibt, ist Babette ebenso dabei wie beim Aufenthalt einer kleinen Wiener Künstlergemeinde in Weißlahnbad in Südtirol im September 1905, um „allen Rollenschmerz und allen Groll gegen einsichtslose Direktoren zu vergessen."[69]

Zu Babettes 25-jährigen Burgtheater-Jubiläum (1914) lesen wir in Thimigs Erinnerungen, wie die Schratt sich wiederum für ihre Freundin eingesetzt hat: „4. Juni (1914). Abends bei der Schratt in Hietzing. Sie wollte mich bereden, im Dienstwege einzukommen für eine Gratifikation für Frau Reinhold zum 25jährigen Jubiläum (13. Juni a.c.) von 30.000 Kronen. Ich lehne natürlich ab und sage ihr, daß dies S. Majestät befehlen müsse, oder daß sie, Frau Schratt, mich autorisieren müsse, dem Fürsten Montenuovo zu sagen, daß es die Absicht des Kaisers sei. Zu letzterem gibt die Schratt schließlich die Zustimmung."[70]

Im Licht der Öffentlichkeit stand Babette in diesem Jahr auch, als es um die Frage ging, wie sich die Damen der Gesellschaft für die anstehende Wiener Rennwoche standesgemäß kleiden sollten. Diesem Thema widmet das Neue Wiener Journal eine ganze Seite und stellt die aus dem Hause Ludwig Zwieback und Bruder gearbeiteten Modelle für die russische Prinzessin Wanda Bogdan, Baronin Cann aus Nizza, Prinzessin Olga Radziwill und die Hofschauspielerin Babette Devrient-Reinhold vor.[71] Im Juli 1918 wurde die Schauspielerin in Anerkennung „vieljähriger erspießlicher Leistungen am Hofburgtheater" von Kaiser Karl I. mit dem „goldenen Verdienstkreuz mit der Krone" ausgezeichnet.[72]

Sollte dieser Orden die letzte Erinnerung an eine ganzvolle, untergehende Epoche werden, so vermittelt ein mit Babette in ihrem Haus an der Türkenschanze geführtes, im November 1920 veröffentlichtes Gespräch das Gefühl der Einsamkeit und Melancholie. Babette erinnert sich dabei an frühere Zeiten und Freundschaften und stellt bedauernd fest:„[...] ich habe fast schon vergessen, daß ich unter anderem auch Mitglied des Burgtheaters bin. Ich sehe keine Rollen für mich, und wo ich sie sehen würde, spielen sie andere oder es sind Rollen in Stücken, die das Burgtheater nicht gibt."[73]

Im Dezember 1920 erlitt Babette dann einen schweren Schicksalsschlag durch den schon erwähnten, frühen Tod ihrer 1898 geborenen Tochter Susanne. Dieser war ihr von deren Ehemann Dr. Ernst Hauser (1896-1956) zunächst als „natürlich" mitgeteilt worden; zwei Jahre später erfuhr sie aber, dass es sich um einen Selbstmord mit hinterlassenem Abschiedsbrief gehandelt haben sollte. Bei der durch Babette initiierten gerichtlichen Überprüfung dieser widersprüchlichen Angelegenheit, die sich bis 1928 hinzog, ergaben sich zwar zahlreiche Ungereimtheiten bei der seinerzeitigen behördlichen Behandlung des Falles, ihre Vermutung, dass Susanne Opfer ihres Ehemannes geworden sei, konnte aber nicht gerichtlich bestätigt werden, und das Verfahren gegen Hauser wurde eingestellt. Die seelische Belastung Babettes wirkte aber für lange Jahre nach.

Eine erfreuliche Nachricht erhielt sie dagegen im April 1926, als man Babette zum Ehrenmitglied des Burgtheaters ernannte.[74] Ihre Ehrung und die Auszeichnung anderer Mitglieder stand im Zusammenhang mit den Jubiläumsfeierlichkeiten zur hundertfünfzigjährigen Gründung des Burgtheaters; so wurde der Direktor des Hauses Franz Herterich zum Hofrat ernannt und Babettes (Ex-)Ehemann, dem Oberregisseur und Hofschauspieler Max Devrient, wurde das große silberne Ehrenkreuz für

Verdienste um die Republik Österreich verliehen.[75]Zu ihrem vierzigjährigen Burgtheaterjubiläum stand sie am 23. Oktober 1929 in dem von ihr ausgewählten Lustspiel „Im Kreis" von Maugham als Lady Katharina auf der Bühne und sie wurde „für diese Leistung und für alle früheren, deren man sich bei diesem Anlaß erinnerte, mit besonderer Herzlichkeit bedankt, beim Erscheinen vor dem Vorhang stürmisch applaudiert, mit Blumen überschüttet und hielt zum Schluß eine kurze Dankrede."[76] Um die Mittagsstunde hatten sich bereits ihre Kollegen unter Führung von Hofrat Herterich in ihre Wohnung begeben, um ihr zu gratulieren. Herterich überreichte ihr dort das goldene Ehrenzeichen für Verdienste um die Republik Österreich sowie die Ehrenmedaille für vierzigjährige treue Dienste (**Abb. 12**), die ihr vom Bundespräsidenten verliehen wurden.

Abb. 12: Bronzene Verdienstmedaille für 40 Jahre treue Dienste, Republik Österreich, am Originaldreiecksband, 1. Modell gestiftet 1927 (Sammlung des Verfassers)

Im November 1929 wurde Babette dann auch die Ehrenbezeichnung „Bürger ehrenhalber der Stadt Wien" verliehen. Dies geschah in

Würdigung der Verdienste, die sie sich „[...] auf dem Gebiete der deutschen Schauspielkunst im allgemeinen und durch ihr Wirken am Wiener Burgtheater um das Wiener Kunstleben im besonderen erworben hat."[77] In einem, ihr zu diesem Jubiläum gewidmeten, Zeitungsbeitrag heißt es im Anschluss an die Feststellung, dass Wien ihr Dank für unvergessliche und schöne Stunden schulde, aber weiter:„Hoffentlich erinnern sich auch die hohen Verwaltungsbehörden daran? Bisher taten sie es wohl nicht, sonst wäre es doch wohl nicht gut möglich, daß eine der gefeiertsten Künstlerinnen des Burgtheaters nach vierzigjähriger Tätigkeit eine Monatsgage bezieht, die wohl schwerlich eine Valorisierung der Tausendguldengage vorstellt, die sie seinerzeit in ihrem Vertrag auf Lebenszeit erhielt [...]."[78]

Der schon oben zitierten Mitteilung des Burgtheaters (siehe Anm. 55) verdanken wir den Hinweis, dass ihre letzte Rolle seltsamerweise jene einer „Babette" war, nämlich in einem dort aufgeführten Weihnachtsspiel (mit Beteiligung der Wiener Sängerknaben). Die Ankündigung in der Neuen Freien Presse[79] verweist auf die erstmalige Aufführung des neuen Weihnachtsmärchens „Das dumme Engelein" von Vicki Baum mit der Musik von Franz Salmhofer am 8. Dezember 1931, um ½ 3 Uhr, und der Besprechung der Aufführung[80] entnehmen wir, dass „Frau Reinhold-Devrient als bärbeißig gemütliche Kinderfrau" auftrat. Wiederholungen des Stückes fanden nach Ankündigungen der Wiener Zeitungen noch einmal am Nachmittag des 10. und des 31. Januar 1932 statt. Ihren letzten Auftritt am Burgtheater datiert die Presse zwar auf den 14. April 1932, doch bis zur Mitte des Jahres taucht ihr Name noch hin und wieder in Programmankündigungen auf – und viel später noch einmal bei einer Jubiläumsveranstaltung für ihre Kollegin Lili Marberg (1876-1962) am 1. März 1936, in der sie in Oscar Wildes „Lady Windermeres Fächer" die Herzogin von Berwick spielte.[81]

Pensionierung 1932

Mit Jahresbeginn 1932 hatte der neue, vom Thalia-Theater aus Hamburg gekommene Burgtheaterdirektor Hermann Röbbeling (1875-1949) sein Amt angetreten und brachte neben Ideen zu Neuinszenierungen Vorschläge zu personellen Veränderungen mit, wohl um auch jüngeren Kräften Platz zu bieten.

Auf der anlässlich einer Pressekonferenz am 12. Februar 1932 mitgeteilten Pensionierungsliste steht (im 44. Jahr ihres Burgtheaterengagements) auch Babettes Name, wobei der Direktor darauf hinweist, dass angesichts der langen Dienstzeit für die meisten Betroffenen der Unterschied zwischen bisheriger Gage und künftiger Pension nur gering sei. Die vorgestellte Liste könne aber erst in zwei Tagen bestätigt werden, da noch „Organisationen und Betriebsräte" zu befragen seien.[82] Am 15. Februar 1932 ist dann an gleicher Stelle zu lesen, dass man die pensionierten Künstler in einzelnen Fällen auch künftig fallweise zur Darstellung bestimmter Rollen heranziehen werde. Eine Reihe anderer hätten individuellen Gagenkürzungen zugestimmt, blieben aber weiter aktiv. „Auf diese Weise werde eine Vergrößerung der Pensionierungsliste, wie sie ursprünglich geplant war, vermieden." Das Ausscheiden Babettes zum 31. März 1932 stand damit fest. In einem Interview zu ihrem 70. Geburtstag[83] erfahren wir aber, dass ihre Pensionierung für sie „ganz plötzlich und überraschend" kam, hatte sie doch zwei Monate zuvor ahnungslos und vertrauensselig einen Vertrag unterschrieben, der viel schlechter als ihr früherer war und in dem sie sich älterer Rechte begeben hatte.[84]

Die Enttäuschung über ihren Abschied vom Burgtheater wird auch in einem Interview mit Otto König deutlich, in dem sie betont, sich keinesfalls „ruheständlerisch" zu fühlen und erst jetzt so weit zu sein, die wirklichen Mütter- und Großmütterrollen zu spielen: „Aber ich habe in meinem Leben so wenig Glück gehabt, bin so oft zurückgesetzt worden, weil immer rangältere Kolleginnen da waren, die meine Rollen spielten, daß ich vielleicht unrecht hatte, zu glauben, es würde einmal besser werden."[85]

Dieser Rückblick überrascht zwar angesichts ihrer Erfolge am Burgtheater, der erhaltenen Ehrungen und der zu „Kaisers Zeiten" durchaus erfahrenen Protektion, wurzelt aber wohl auch noch in der Erinnerung an die Umstände für ihre 1894 und 1897 eingereichten Kündigungen. Er mag zudem angesichts der Verbitterung über ihren plötzlichen Abschied vom Burgtheater und vor dem Hintergrund der erlittenen persönlichen Schicksalsschläge verständlicher sein.

Drei Jahre zuvor (zu ihrem vierzigjährigen Burgtheaterjubiläum) hatte es noch versöhnlicher geklungen, als sie resümierte: „Aber was es unter lieben Kollegen an Verdrießlichkeiten gab, ist längst verraucht. Die stürmisch geweinten Tränen sind getrocknet. Blickt man einmal vierzig Jahre zurück, so sieht man nur das Rosenfarbene der Vergangenheit! Und man grüßt die Freunde, die gestorben sind, die Konkurrentinnen, die längst das Feld geräumt haben. Wir waren jung, schlugen und vertrugen uns, aber vor allem erfochten wir gemeinsam unsere Siege für das Burgtheater, seinen Ruhm und seine Größe."[86]

Babette Reinhold-Devrient als Filmdarstellerin 1935 und 1936

Nach ihrem Abschied vom Burgtheater spielte Babette Reinhold-Devrient kleinere Rollen in mehreren Filmen. Dabei dürften ihre Bekanntheit und ihre persönlichen Kontakte vor Ort ihr ebenso nützlich gewesen sein, wie die Tatsache, dass in Wien einige Filmproduktionsfirmen ansässig waren und mit den „Tobis-Sascha-Ateliers" in Wien-Rosenhügel und anderen Ateliers (Sievering, Schönbrunn, Rennweg) vielfach auch vor Ort gedreht werden konnte. Zwar hatte sie in diesen Filmen jeweils nur kurze Auftritte, sie genügten aber, um Babettes Namen und Rollen stets auch in die gedruckten Filmprogramme aufzunehmen. Die folgenden Informationen sind zusammengestellt aus dem mehrbändigen Lexikon des deutschsprachigen, abendfüllenden Spielfilms von Ulrich J. Klaus unter Verweis auf die dortige Ordnungssystematik (in Klammern).[87] Dort sind für sie Rollen in 9 Tonfilmen nachgewiesen:[88]

(1) ... 1935 in: „Es flüstert die Liebe" „eine Garderobenfrau" (027.35). Es handelte sich um eine ungarisch-österreichische Gemeinschaftsproduktion, die in Budapest gedreht wurde und Außenaufnahmen in Venedig und der Puszta hatte.

(2) ... 1935 in: „... nur ein Komödiant" „die Reichsgräfin Scharnitz, Tante von Beate von Dörnberg" (089.35). Produziert wurde der Film von der Film G.m.b.H., Wien in den Tobis-Sascha-Ateliers in Wien-Sievering und Wien-Rosenhügel.

(3) ... 1935 in: „Kleine Mutti" als „eine ältere Dame" (058.35). Der Film entstand als (österreichisch-)ungarische Produktion in den Hunnia-Ateliers in Budapest.

(4) … 1935 in: „Buchhalter Schnabel" als die „Mutter von Hans Binder", der von Rolf Wanka verkörpert wurde (015.36). Die Wiener Pan-Film A.G. produzierte diesen Film im Schönbrunn-Atelier in Wien. Weitere Titel des Films waren: „Ein junger Herr aus Oxford" bzw. „Ein Junger Herr aus U.S.A".

(5) … 1935/36 in: „Die Leuchter des Kaisers" als „die Gesellschafterin Anna Demidows" (079.36). Der Film war ein Produkt der Gloria-Film G.m.b.H. und wurde in den Tobis-Sascha-Ateliers in Wien gedreht. Johannes Heesters spielte in diesem Film übrigens seine erste deutschsprachige Filmrolle. Anna Demidow, deren Gesellschafterin Babette spielte, war Sybille Schmitz.

(6) … 1935/36 in „Rendezvous in Wien" als „eine Freundin der (von Adele Sandrock gespielten) Frau Hofrat" (106.36 und Ergänzungsband 14, S. 217). Gedreht wurde wiederum in den Tobis-Sascha-Ateliers, Wien-Rosenhügel, und produziert wurde der Film von der Mondial, Internationale Filmindustrie A.G. in Wien.

(7) … 1936 in dem Willy-Forst-Film „Burgtheater" (**Abb. 13**) als „Die Fürstin" (016.36). Die Willy-Forst-Film Produktion G.m.b.H. aus Wien produzierte diesen Film in den Tobis-Sascha-Ateliers. Neben der Tatsache, dass Babette hier in einer Filmhandlung an ihre langjährige Wirkungsstätte zurückkehrte, ist bemerkenswert, dass die Rolle des Burgtheaterdirektors von Franz Herterich verkörpert wurde – der selbst einmal Direktor der Wiener Burg gewesen war. Babettes kleine Rolle als Fürstin (**Abb. 14**) strahlt Eleganz und Alterswürde aus. Erwähnenswert ist auch der zum Evergreen gewordene Musiktitel: Sag' beim Abschied leise „Servus", von Peter Kreuder. Und noch etwas sei mitgeteilt: „Wie ´Der Wiener Film´ erfährt, fand anläßlich der Hochzeit der Prinzessin Juliane in Amsterdam die Uraufführung des Willy Forst-Films ´Burgtheater´statt.

Abb. 13: Filmprogramm des Willy Forst-Films „Burgtheater" von 1936 (Illustrierter Film-Kurier, Nr. 2561; Sammlung des Verfassers)

Abb. 14: Babette Reinhold-Devrient (links) als „Die Fürstin" und Olga Tschechowa als „Baronin Seebach" im Film „Burgtheater" (Sammlung des Verfassers)

(8) ... 1936 in „Im Sonnenschein" als „Sophie, Tonis Großmutter" (059.36). Produziert von der Gloria Film G.m.b.H. und der Horus-Film G.m.b.H., beide in Wien, die den Film in den Tobis-Sascha-Filmateliers, Wien-Rosenhügel herstellten. Toni, dessen Großmutter Babette spielte, wurde übrigens von dem berühmten Tenor Jan Kiepura dargestellt. Und eine Kritik stellt fest: „Babette Reinhold-Devrient gibt mit ihrer ganzen Kunst ein liebes altes Mütterlein und keine episodenhafte ´Filmgroß-mutter´."[90] Auf der Biennale 1936 in Venedig wurde der Film mit der Medaille für „hervorragende Einzelleistungen" ausgezeichnet.

(9) ... 1936 in „Der Weg des Herzens" als „Die Frau Hofrätin, Hausbesit-zerin"; ein ebenfalls in den Ateliers der Tobis-Sascha gedreher Film der Mondial, Internationale Filmindustrie A.G. Wien. Der österreichische Originaltitel des Films lautet „Prater".

Irritationen um Babette Reinholds Geburtsdatum

Nachdem Babette am 13. Juni 1940 im Sanatorium „Hera" in Wien verstorben war, widmeten ihr mehrere Wiener Zeitungen Nachrufe. Da heißt es in der Österreichischen Volks-Zeitung u.a.: „Die älteren Stammgäste des Hauses werden sich noch an die hübsche, temperamentvolle und außerordentlich begabte Künstlerin erinnern, die Jahrzehnte hindurch dem Burgtheater angehörte und sowohl in klassischen als auch in modernen Konversationsstücken durch eine ausgezeichnete Menschengestaltung auffiel und in angenehmer Erinnerung blieb."[91] Zu Babettes Alter schweigt der zweispaltige Nachruf allerdings, der überschrieben ist: „Erinnerung an ein großes Mitglied des Burgtheaters". Anders der kürzere Nachruf in der Illustrierten Kronen Zeitung[92], der folgendermaßen beginnt: „Eine der hervorragendsten und beliebtesten Schauspielerinnen des alten und neuen Burgtheaters, Babette Devrient-Reinhold, ist im Alter von 73 Jahren gestorben." Auch der Völkische Beobachter widmet ihr in seiner Wiener Ausgabe einen kurzen Nachruf.[93] Darin wird wiederum auf ihre Zugehörigkeit zum Burgtheater von 1889 bis 1932 verwiesen, auf ihre Rollen im letzten Jahrzehnt des 19. Jahrhunderts und ihre hervorragende Beschäftigung im Gesellschaftsstück, „[...] zuerst in den jugendlichen Fächern und zuletzt in Mutterrollen wie in ´Der Kreis´, ´Lady Windermeres Fächer´ und ´Wenn der junge Wein blüht´". Es heißt dann weiter, dass sie 1867 in Hannover geboren wurde. Dieses Datum steht aber im Widerspruch zu den Angaben in einschlägigen Lexika und sonstigen Fundstellen zu Babette. Dort nämlich wird ihr Geburtsdatum mit dem 30. (gelegentlich 3.) Oktober 1863 angegeben. Die Altersangaben in den Nachrufen passen dagegen zu den Eintragungen auf ihren polizeilichen Meldezetteln, die im Wiener Stadt- und Landesarchiv verwahrt werden (und die im Internet digitalisiert eingesehen werden können).[94] Am interessantesten ist hier die Karte vom 23./24.

Dezember 1895, wo Babette nach ihrer Hochzeit mit Max Devrient bei ihm als (noch) Hauseigentümer in der Hasenauerstraße 37 eingetragen wird (vorheriger Wohnsitz Carl Ludwigstraße 40): Hier wird ihr Alter nämlich handschriftlich mit 28 Jahren angegeben, was zu einem Geburtstag im Oktober 1867 (statt 1863) passt. Auf einem anderen Meldezettel vom 5. April 1905 wird ihr Alter maschinenschriftlich mit 38 Jahren angegeben – ein Alter also, das sie bei einer anzunehmenden Geburt 1867 zwar erst im Oktober d.J., aber immerhin noch im Jahr 1905 vollendet hätte.

Passend hierzu lesen wir auch in einem jener Beiträge, die Babette zum vierzigjährigen Burgtheaterjubiläum gewidmet waren: „Sie kam – ihr eigentlicher Mädchenname hieß Maasch – aus Hannover, wo sie am 3. Oktober 1867 geboren worden war. Als noch nicht zweiundzwangigjährig kam sie ans Burgtheater."[95]

Legt diese Quellenlage nahe, dass Babette 1867 geboren wurde und mit 73 Jahren (genauer: im 73. Lebensjahr) verstarb, so überrascht es, dass die Erläuterung zu der Fundstelle der oben zitierten Meldezettel im Wiener Stadt- und Landesarchiv lautet: „Akt 2.5.1.4. K11. Devrient-Reinhold Babette geb. 2.10.1868." Somit käme ein drittes Geburtsjahr ins Spiel.

Zur Klärung dieser Widersprüche bot sich zunächst eine Nachfrage im hannoverschen Stadtarchiv an: Dort finden sich Personenstandsunterlagen der Standesämter aber erst aus der Zeit nach dem 1. Oktober 1874, wo im Königreich Preußen die entsprechende Verpflichtung zur Führung der Personenstandsunterlagen in Kraft trat. Aus der Zeit zuvor ist man auf Eintragungen in den Kirchenbüchern angewiesen. Da die Wiener Meldekarten Babette als „protestantisch" ausweisen, war beim Kirchenbuchamt des Ev.-lutherischen Stadtkirchenverbandes Hannover nachzuforschen. Mit Hilfe des dort geführten Generalregisters für den

Zeitraum 1774 bis 1874 konnte dann herausgefunden werden, dass die Taufe von Babette Regine Mathilde Maasch im Kirchenbuch der Marktkirche verzeichnet ist.[96] Da hier auch Tag und Stunde der Geburt festgehalten sind, bleibt als Ergebnis der Recherchen mitzuteilen: Babette wurde am 2. Oktober 1863, abends um elf Uhr in Hannover in der Leinstraße 24 geboren[97] (**Abb. 15**).

Abb. 15: Babettes Geburtshaus (mit Markise im Erdgeschoss) in der Leinstraße 24 in Hannover. Abgebrochen 1889 zur Verlängerung der damaligen Grupenstraße (heute: Karmarschstraße) zum Friederikenplatz (aus: Nöldeke, 1932, Abb. 337, S. 549)

Ihre Eltern waren der Schuhmachermeister Ernst Ferdinand Maasch und seine Ehefrau Barbara Friederike geb. Müller. Das rätselhafte Geburtsdatum 2.10.1868 in den Wiener Archiven stimmt also insoweit, als es Tag und Monat richtig wiedergibt, aber bei der Jahresangabe offenbar eine Verwechslung der 3 mit einer 8 vorgekommen ist. Für diese

Annahme spricht auch, dass in der in Wien ausgestellten Sterbeurkunde das Geburtsdatum Babettes mit dem 2.10.1863 korrekt angegeben (und somit amtlich bekannt) ist, wie Rosendahl bei seinen Recherchen 1940 vom Standesamt 3, Wien-Alsergrund, erfahren hat.[98] Dass dabei ihr Familienstand mit „verwitwet" (und nicht mit „geschieden") angegeben ist, dürfte damit zu tun haben, dass ihre Ehe mit dem 1929 auf einer Urlaubsreise nach Lugano in Chur in der Schweiz verstorbenen Max Devrient nach der gerichtlichen Klärung im Jahre 1923 juristisch weiterhin Bestand gehabt hatte.

Festzuhalten bleibt somit in Übereinstimmung mit den Recherchen Rosendahls: Babette hat beim Eintritt ins Bühnenleben nicht nur ihren Geburtsnamen Maasch in den poetischeren „Reinhold" verändert[99], sondern sich beim Engagement im Burgtheater auch um einige Jahre jünger gemacht.[100] „Denn ganz jung pflegen bezw. pflegten die Schauspielerinnen nur in seltenen Fällen an dies berühmte Kunstinstitut zu kommen. Das nunmehrige Fräulein Reinhold aber stand im September 1889, als es in Wien antrat, dicht vor ihrem 26. Geburtstage, spielte Naive, wollte noch lange Naive spielen und hat das auch, wie bekannt ist, mit großem Erfolg getan."[101] Rosendahl irrt aber, wenn er zusätzlich behauptet, Babette habe auch noch ihren Vornamen geändert und sei nicht am 2.10., sondern am 1.10. geboren. Ein Blick in besagtes Kirchenbuch der Marktkirche bestätigt nämlich, dass sich diese Angaben auf die laufende Nr. 215 (statt 216) beziehen, wo zufällig in einer weiteren Familie namens Maasch (Bürger Heinrich Friedrich Maasch und Ehefrau Sophie Charlotte geb. Bestmann, Dammstraße 6) tags zuvor, mittags um zwölf ebenfalls ein Mädchen geboren worden war, das auf den Namen Sophie Henriette getauft wurde. Deren Taufe ist dort mit dem 22. November 1863 eingetragen, diejenige Babettes dagegen erst für den 2. Januar 1864.

Das richtige Geburtsdatum Babettes wurde zwischenzeitig (2021) übrigens auch in dem ihr gewidmeten Wikipedia-Eintrag korrigiert, wobei als Quelle ein vom Verfasser erstellter biographischer Beitrag für das Internetportal www.fembio.org herangezogen wurde.

Zu Babettes Kindheit sind kaum Informationen überliefert, allerdings erfahren wir einige Details aus Aufsätzen, die zu ihrem vierzigjährigen Burgtheaterjubiläum in Wiener Zeitungen erschienen sind: So weiß Loewy[102], dass sie zwar aus kleinbürgerlicher Familie stammte, gleichwohl dort Sinn für Musik und Theater geherrscht habe. Die Werkstätte ihres Vaters „[...] hatte starken Zulauf, ja er durfte sich rühmen, selbst dem König (Georg V.,d.V.) von Hannover die Schuhe anmessen zu dürfen, zu welchem Zweck er allemal mit einem Hofwagen in das Schloß gefahren wurde." Babette erinnert sich an anderer Stelle daran, dass nicht viel daran gefehlt habe, dass man über sie „[...] als Auswürfling einer ehrenwerten Familie ein Kreuz gemacht" habe, nachdem sie ihren Eltern abgetrotzt hatte, „eine vom Theater" zu werden. Am schnellsten habe sich zwar ihr Vater mit ihren abenteuerlichen Plänen befreundet; ihre Schwestern aber hätten sie bei Streitereien während der Zeit ihres Schauspielunterrichtes regelmäßig mit dem Schimpfwort „Du Schauspielerin!" geneckt.[103]

Noch interessanter sind die nachfolgend zitierten Ausführungen Holzers: „Acht Geschwister waren noch im Haus.[104] Von der Mutter her stammt sie aus der Familie Hans Sachs. Der Vater, erfüllt von Schein, Illusion und Glück der Dichter und Bühne; am Feierabend nach der Arbeit ging er gerne ins Theater. Oftmals nahm er Babettchen mit. So kam es halt dann! [...] Alles, was an ihr Willen war, verdichtete sich im Drange zum Theater! Babette wurde zur Großmutter nach Nürnberg geschickt, in eine Klosterschule gesteckt; es gab Tränen, Beschwörungen, aber schließlich: Theaterschule!"[105]

Nachruhm

Babette Reinhold-Devrients Spuren lassen sich vor allem in Wien an prominenter Stelle finden. So besitzt die Burgtheater-Galerie ein Ölgemälde Babettes von Olga Prager (1872-1930), das eines der letzten Werke der Künstlerin ist (**Abb. 16**). Das Neue Wiener Journal berichtet am 5. April 1930 davon, dass man Babettes Porträt in die Ehrengalerie des Burgtheaters eingereiht habe. Beauftragt worden war es durch das Soloensemble des Burgtheaters Ende März 1929 zu ihrem vierzigjährigen Jubiläum.

Mit ihrer Wiener Bürgerwürde verbunden ist das Ehrengrab auf dem Friedhof Döbling (Gruppe MO, Nummer G9), das in Obhut der Gemeinde Wien gepflegt wird (**Abb. 17**).

In Hannover hat man sich Babette Reinhold-Devrients (ausgehend von einem Ratsbeschluss vom 9. Dezember 1999, Straßen, Wege, Plätze und Brücken vorwiegend nach Frauen zu benennen) insofern erinnert, als sie mit ihrem Kurzlebenslauf als potenzielle Kandidatin in einer Zusammenstellung „Bedeutende Frauen in Hannover" unter der Rubrik „Schauspiel" aufgeführt ist.[106]

Dass es noch nicht zu einer entsprechenden Ehrung gekommen ist, dürfte aber wohl weniger mit einer möglichen Verwechslungsgefahr mit der schon existierenden Devrientstraße zusammenhängen, die nach ihrem Schwiegervater Carl benannt ist (siehe Anm. 52). Auch die Reinholdstraße bezieht sich nicht auf den von Babette gewählten Künstlernamen, sondern ehrt den ehemaligen Direktor des Städtischen Krankenhauses Nordstadt Heinrich Reinhold (1862-1927). Da die Zuständig-

Abb. 16: Gemälde in der Ehrengalerie des Burgtheaters von Olga Prager, Öl auf Leinwand, 90 cm x 113,5 cm (Digitalisierung Karl Heindl, Leitung Publikumsdienst des Burgtheaters).

keit zur Straßenbenennung seit 2011 in Hannover bei den Stadtbezirks-
räten liegt, fehlt es aber möglicherweise an einem stadtteilbezogenen
Anknüpfungspunkt, der angesichts ihres frühen Engagements in Hamburg und Wien und der bisher nicht weiter beleuchteten hannoverschen
Kindheit und Jugend Babettes noch aufzudecken wäre.

Da zudem ihr Geburtshaus in der Leinstraße 24 wegen des Durchbruchs
der Grupenstraße (heute: Karmarschstraße) zum Friederikenplatz 1889
abgebrochen wurde, fehlt es auch hier an einem möglichen Anknüpfungspunkt zur Erinnerung an sie.

*Abb. 17: Das Ehrengrab von Babette Devrient-Reinhold auf dem Friedhof
Wien-Döbling, das zugleich an ihre früh verstorbene Tochter Susanne
Hauser erinnert (Foto: Antje Doll)*

Auszeichnungen und Ehrungen

Dekret als k. und k. Hofschauspielerin; 7. März 1894

Jubiläums-Hofkreuz (zum 60-jährigen Regierungsjubiläum Kaiser Franz Josephs); 2. Dezember 1908

Goldenes Verdienstkreuz mit der Krone („In Anerkennung vieljähriger ersprießlicher Leistungen am Hofburgtheater"); Juli 1918

Ehrenmitglied des Burgtheaters; April 1926

Goldenes Ehrenzeichen für Verdienste um die Republik Österreich; 23. Oktober 1929

Ehrenmedaille für vierzigjährige treue Dienste; 23. Oktober 1929

Bürger ehrenhalber der Stadt Wien („In Würdigung der Verdienste auf dem Gebiete der deutschen Schauspielkunst und durch ihr Wirken am Burgtheater um das Wiener Kunstleben"); Beschluss vom 22. Oktober 1929, Aushändigung der Urkunde am 6. November 1929

Anmerkungen

Die Arbeit hätte nicht ohne die benutzerfreundliche Zugriffsmöglichkeit auf das Zeitungs- und Zeitschriften-Onlineportal ANNO der Österreichischen Nationalbibliothek entstehen können. Dies gab dem Verfasser die Möglichkeit, sich intensiver mit dem Leben Babette Reinhold-Devrients zu befassen, die eine Cousine seiner Großmutter väterlicherseits war. Dank für die Bereitstellung von Bildmaterial gilt darüber hinaus dem Wiener Burgtheater, dem Theatermuseum Wien, Heidi Brunnbauer und Antje Doll. Nicht zuletzt ist Ingrid Szurowski herzlich zu danken, die die Gestaltung und Druckvorbereitung des Buches übernommen hat.

1   In einigen Quellen ist auch die Rede davon, dass sie vom Stadttheater Hamburg gekommen sei. Dies dürfte sich daraus erklären, dass das Hamburger Stadttheater, das Altonaer Stadttheater und das Thalia-Theater mit Beginn der Spielzeit 1885/86 gemeinsam geführt wurden: „Die Vereinigung der drei Theater unter der gemeinschaftlichen Direktion von Pollini und Gustav Maurice trat mit Beginn der Spielzeit 1885/86 am 1. August 1885 in Kraft. Sie währte nur 20 Monate, denn am Ende der Spielzeit 1886/87 löste Gustav Maurice das Gesellschaftsverhältnis wieder […]" (Delius, 1931, 81). Unter den nach der Trennung vom Thalia-Theater übernommenen Mitgliedern wird auch Fräulein Reinhold genannt (vgl. Delius, 1931, 82), allerdings mit der falschen Zugehörigkeitsdauer „bis 1899" (statt 1889). Maurice nannte man übrigens auch den „Lieferanten des Burgtheaters":„Nicht gering ist die Zahl der Schauspieler und Schauspielerinnen, die sich Heinrich Laube von den Ufern der Alster an die schöne blaue Donau holte. Talente, von anderen Bühnenleitern entdeckt und in bedeutenden Aufgaben herausgestellt, aufgehende Sterne am Anfang einer Karriere, verpflichtete der große Theatermann für das Ensemble seines Burgtheaters in Wien und ließ sich später gern als deren Entdecker feiern. Hamburgs Theater, allen voran das Thalia-Theater, lieferten jahrelang den Wiener Prominentennachwuchs" (Möhring, 1958, 55)

2   Eisenberg, 1903, 815

3   Neue Freie Presse, Nr. 8199, 25.6.1887, 6. Sonnenthal war während einer Krankheit Adolf Wilbrandts mit der Leitung des Burgtheaters betraut worden

4   Adolf von Sonnenthal (1834-1909, geadelt 1882) wirkte als Schauspieler am Burgtheater und wurde 1870 zum Regisseur und 1884 zum Oberregisseur ernannt. Unter seiner Direktion fand am 12. Oktober 1888 im alten Burgtheater am Michaelerplatz in Anwesenheit des Kaisers mit „Iphigenie auf Tauris" die Abschiedsvorstellung für dieses Haus statt. Dabei stand auch der gebürtige Hamburger Ernst Hartmann (1844-1911) als Hofschauspieler auf der Bühne. Seit 1880 war er dort auch als Regisseur tätig gewesen. Schon am 14. Oktober 1888 wurde, wiederum in Anwesenheit des Kaisers, das neue Burgtheater an der Ringstraße (damals Franzensring) eröffnet. Babette Reinhold absolvierte demzufolge ihr Gastspiel 1887 im alten und trat ihr festes Engagement 1889 im neuen Burgtheater an

5   Vgl. König, 1929, 5

6   Loewy, 1929, 4. Carl Friedrich Ludwig von Westenholz (1825-1898) war seit 1869 mit den Geschäften des österreichisch-ungarischen Gesandten bei den Freien und Hansestädten beauftragt. Das Hamburger Staatsarchiv (Westenholz 622-1/110) verzeichnet unter „Privat-, Konsulats- und Geschäftsbriefe und Telegramme" Schriftstücke aus den Jahren 1886, 1888 und 1894, die „Reinhold, Babette, Schauspielerin in Hamburg (Thaliatheater) und Wien" zugeordnet sind

7   Neue Freie Presse, Nr. 8181, 7.6.1887, 5. In den Erinnerungen von Hugo Thimig (Hadamosky, 1962, 94) heißt es: „13. Juni. ,Cornelius Voß', Paula: Frl. Babette Reinhold aus Hamburg als 1. Antrittsrolle. Ein volles, anmuthiges Talent, das sich bei uns gewiß zu schöner Blüte entfalten wird."

8   Wiener Abendpost (Beilage zur Wiener Zeitung), Nr. 128, 7.6.1887, 4 (14)

9   Wiener Zeitung, Nr. 130, 9.6.1887, 4

10   Wiener Zeitung, Nr. 132, 12.6.1887, 4

11   Ramberg, 1887, 633 f.

12   Bourgoing, 1964, 58. Der Kaiser bezieht sich auf folgende Meldung:"[,,,] neu war uns nur das Debut einer Zisch-Clique, welche an die fraglose Künstlerschaft der ersten Ella mit einer verunglückten Verletzung des Gastrechts erinnern sollte. Wir schätzen Fräulein *Hohenfels* als Meisterin in ihrem Fache zu sehr, um ihr solch kleinliche Eifersucht zuzumuthen, durch welche übereifrige Bewunderer sie heute bemerklich machen wollten. Derlei Dinge sind großen Künstlern fremd" (Die Presse, Nr. 160, 12.6.1887, 15). Zu Katharina Schratt siehe auch Anm. 64

13   Europa. Chronik der gebildeten Welt, Nr. 36, 1883, Sp. 1438. Bei ihrem hier erwähnten allerersten Auftritt (gerade 18 Jahre alt geworden!) im Berliner Victoria-Theater in einem Gastspiel Ernst Possarts, gab dieser selbst den „Nathan". „Frl. Reinhold war die liebliche, ihrer Aufgabe gewachsene ‚Recha'" (Norddeutsche Allgemeine Zeitung, Morgen-Ausgabe, 21.10.1881, 3)

14   Eisenberg, 1903, 815. Bei Holzer (1929, 9) heißt es dagegen: „Das erste Auftreten erfolgte in   Hamburg als Recha." In ihren autobiographischen Notizen (Direktion des Burgtheaters, 1926, 59) stellt sie selbst aber hierzu klar: „Erstes Debut: Recha in ‚Nathan der Weise', Berlin, Direktion Ernst (Gastspiel Possart). – Debut: ‚Preziosa', Hamburg, Thaliatheater, Direktion Maurice."

15   Vgl. Conversations Blatt (Beiblatt zum Regensburger Tagblatt) No. 86, 22.7.1887, o.S. (3)

16   Gallus, 1930, 8

17   Möhring, 1958, 92. Zu ihrer Nachfolgerin im Thalia-Theater erfahren wir, dass Anna Pallas (eine Schwester von Agnes Sorma) im Rollenfach der nach Wien ausgewanderten Babette Reinhold gastiert und außerordentlich gefallen habe. „Die Hamburger Presse hat sich sehr schmeichelhaft über ihre Leistungen ausgesprochen und das definitive Engagement warm befürwortet." (Berliner Tageblatt, Nr. 457, 11.9.1889, 2)

18   Conversations-Blatt (Beiblatt zum Regensburger Tagblatt), No. 49, 26.4.1889, o.S. (3); auch: Münchener Kunst- und Theater Anzeiger, Nr. 465, 23.4.1889, 3

19   Neue Illustrierte Zeitung, Nr. 40, 3.7.1887, 15

20   Wiener Allgemeine Zeitung, Nr. 2630, 25.6.1887, 6. Geht man zur Umrechnung der Währungen von der Goldparität (1 fl = 0,726 g Feingold; 1 M = 0,358 g Feingold) aus, so hätte die Wiener Gage ca. 2/3 der Hamburger betragen. Im Deutschen Reich lag das jährliche Durchschnittseinkommen eines vollzeitbeschäftigten Arbeitnehmers zu dieser Zeit deutlich unter 1.000 Mark brutto

21   „Am Benefizabend ihres Vaters debütierte sie am 18. März 1886 im Thaliatheater in dem Lustspiel ‚Durch die Intendanz' mit solchem Erfolge, daß Wilbrandt ihr sofort ein Probegastspiel an der Burg anbieten ließ. Sie hielt sich dieser Aufgabe noch nicht für gewachsen und folgte dem Rufe erst, als ihr Hartmann und andere Autoritäten versicherten, daß sie das Wagniß unbesorgt unternehmen könne" (Illustrirte Zeitung, No. 2424, 14.12.1889, 649)

22   Vgl. Eisenberg, 1903, 815. In Babettes Nachruf in der Österreichischen Volks-Zeitung (17.4.1940, 4) wird zwar 1889 korrekt als jenes Jahr genannt, in dem Margarethe Formes „durch Heirat abgegangen" ist, dann aber fälschlich auch Babettes Gastspiel auf dieses Jahr (statt schon auf 1887) datiert

23   Falls ihr Engagement auch im Hinblick auf den Ersatz einer anderen Schauspielerin angedacht worden ist, dann wohl „[...] zum Teile als Ersatz für die schon schwer erkrankte Josefine Wessely" (Sonnenthal, 1912, 339). Josefine Wessely (1860-1887) war die Tante der Schauspielerin Paula Wessely (1907-2000)

24   Wiener-Theater-Zeitung, X. Jahrgang, Nr. 7, 1.7.1887, 1

25   Gemeint sind: Der Schauspieler Ernst Formes (1841-1898) und der Opernsänger Karl Johann Formes (1810-1889)

26   Neue Freie Presse, Nr. 9096, 19.12.1889, 6.

27   Königswarter-Formes, 1926, 10

28 Vgl. Genossenschaft, 1914, 138, 187

29 Neuigkeits Welt-Blatt, Nr. 134, 12.6.1889, 7

30 Die Presse, Nr. 153, 4.6.1889, 10. Babette stand übrigens auch schon bei der Erstaufführung des Stückes am Thalia-Theater am 6. Oktober 1888 auf der Bühne. Wien sah mit der Premiere am 9. November 1888 das erste neue Stück im neuen Burgtheater. Die Kritik merkt dabei aber zur damaligen Besetzung mit Stella Hohenfels an, die Rolle „des siebzehnjährigen Mädchens, eines Küchleins, das aussehen und sich geben muß, als sei es eben erst aus dem Ei geschlüpft, wäre in anderer Besetzung glaubwürdiger erschienen. Fräulein Hohenfels ist eine treffliche Schauspielerin, aber bei Fräulein Formes zweifelt man nicht daran, daß sie wirklich jung und naiv ist. Und Talent besitzt sie auch." (Wiener Abendpost, 1888, 12)

31 Sales, 1929, 12

32 Neue Freie Presse, Nr. 8909, 14.6.1889, 6

33 Wiener Caricaturen, Nr. 30, 28.7.1889, 3

34 Der Floh, 1889, 1. Gemeint sein könnten: Margarethe Formes, Stella Hohenfels und eventuell Katharina Schratt. Neu im Ensemble des Burgtheaters waren seit 1888 auch Adrienne von Korá (1860-1922) und seit 1889 Margarethe Swoboda (1872-1921) (vgl. Genossenschaft, 1890, S. 202)

35 Saßmann, 1932, 6. Übrigens hatte auch Margarethe Formes ihren Kampf mit Stella Hohenfels auszutragen. So beschwerte sie sich, dass man ihr nicht die Hauptrolle in „Cornelius Voß" (die, eines wirklich blutjungen Mädchens) übertragen hatte und suchte um ihre Entlassung nach. Sonnenthal, in dessen Wohnung sie zum Gespräch gebeten wurde, meinte daraufhin: „...´Ja, glauben sie denn, daß die Saison heißt Gretchen Formes ?´- ‚Nein, sie heißt Stella Hohenfels´ sprudelte ich heraus, ‚aber dann hätte ich in Hamburg bleiben können´." (Der Tag, Nr. 3903, 1.4.1934, 20)

36 Wiener Theaterzeitung. Nr. 5, 1.4.1894, 2

37 Neues Wiener Tagblatt, Nr. 258, 20.9.1894, 7. Zu diesem Thema siehe auch die Wiener Sonn- und Montagszeitung, Nr. 39, 24.9.1894, 3 und 5

38 Neues Wiener Journal, Nr. 335, 29.9.1894, 6

39 Neue Freie Presse, Nr. 11032, 12.5.1895, 8

40 Neues Wiener Journal, Nr. 575, Samstag, 1.6.1895, 6. Auch der Hannoversche Courier (Nr. 19544, 28.6.1895, 5) informiert seine Leser: "(*Max Devrient*), Sohn unseres Karl Devrient, und Babette *Reinhold,* beide Kinder unserer Stadt Hannover und beide Mitglieder des Hofburgtheaters in Wien, werden in der protestantischen Kirche der Dorotheengasse [sic!] daselbst nächsten Sonntag Mittag getraut werden."

41 Vgl. Neue Freie Presse, Nr. 11080, 1.7.1895, 3

42 Der aus Dresden stammende Pfarrer Paul von Zimmermann (1843-1927) hielt seine Antrittspredigt in Wien am 3. Januar 1875 (vgl. zu Zimmermann ausführlich Strejcek, 2023)

43 Neues Wiener Journal, Nr. 604, 2.7.1895, 4. Hans Graf Wilczek (1837-1922) war ein österreichischer Forschungsreisender und Kunstmäzen; Eduard Palmer (1838-1914) Generaldirektor der Österreichischen Länderbank. Beide waren übrigens Verehrer von Katharina Schratt (siehe Anm. 64) vor deren „Kaiserzeit"

44 Vgl. Brunnbauer, 2003, 108-111. Dass man hier ein „großes Haus" mit Dienstpersonal führte, wird aus einer kleinen Begebenheit deutlich, wonach 1899 die von einem Dienstmädchen ausgeführte dänische Dogge Pascha einen Jungen zu Fall brachte, woraufhin dessen Vater Babette und das Dienstmädchen (erfolglos) verklagte (vgl. Neue Freie Presse, Nr. 12524, 6.7.1899, 7)

45 Vgl. Neues Wiener Journal, Nr. 810, 26.1.1896, 6

46 Die redenden Künste (Leipziger Konzertsaal), III. Jg., 1896/97, Heft 16, 496

47 Wiener Caricaturen, Nr. 10, 7.3.1897, 3. Auch Arthur Schnitzler erwähnt die Angelegenheit in einem Brief vom 7. Januar 1897 an den Direktor des

Deutschen Theaters in Berlin, Otto Brahm: „Von den hiesigen *Glocken*-Besetzungsschwierigkeiten haben Sie wohl gelesen? Die Reinhold will wieder einmal ihre Entlassung, weil sie das Rautendelei nicht bekommt, oder auch, wie andere behaupten, wegen der Hedwig in der *Wildente* …" (Seidlin, 1975, 30). Über die Hintergründe berichtet „Das interessante Blatt" (Nr. 11, 18.3.1897, 13) Folgendes: „Director Burckhard hatte nämlich die Rolle des Rautendeleins der Frau Hohenfels-Berger zugetheilt. Darob natürlich Entrüstung der Frau Reinhold-Devrient. Die gekränkte Künstlerin eilte zum Hoftheaterintendanten Baron Bezeczny, der die Verfügung traf, daß Frau Reinhold-Devrient die Rolle erhielt. Das wäre insoweit in Ordnung gewesen, heißt das, wenn man das eine Ordnung nennt. Frau Reinhold-Devrient hatte aber aus denselben Händen, von denen sie die Rolle des Rautendeleins erhielt, einen Urlaub bekommen, den sie am 13. März antreten sollte. Man schob nun die Erstaufführung der ‚Versunkenen Glocke' solange hinaus – sogar Herr Hartmann mußte zu diesem Zwecke erkranken – daß Frau Reinhold-Devrient die Rolle sodann in die Hände der Frau Hohenfels-Berger hätte legen müssen, um ihren Urlaub zu genießen. Das wollte die Künstlerin aber nicht, und so verzichtete sie auf ihren Intendanzurlaub gänzlich […]"

48 „An Frau Devrient-Reinhold./Von dem reichen Lorbeerkranze,/Der das Dichterhaupt mir schmückt,/Mit des ew'gen Ruhmes Glanze,/Hab' ein Blättlein ich gepflückt,/Nimm es hin als stolze Zier/Für Dein ganzes Künstlerleben,/Nur ein Blättlein, kömmt's von mir/Muß Unsterblichkeit Dir geben!" (wie Anm. 47)

49 Österreichische Musik- und Theaterzeitung, Heft 15, Wien-Leipzig, 1.4.1897, 6 f.

50 Neue Freie Presse, Nr. 11691, 10.3.1897, 8; Neues Wiener Journal. Nr. 1214, 10.3.1897, 5. Die Deutsche Kunst- und Musik-Zeitung (XXIV. Jg., Nr. 6, 15.3.1897, 71) kommentiert: „Frau *Reinhold* sah wohl bezaubernd aus, war auch in den naiven Partien ihrer Rolle von liebenswürdigster Anmuth, aber der dämonische Einschlag, den die Figur hat, kam gar nicht zur Geltung."

51 Bourgoing, 1964, 296. Der Kaiser teilt dort weiter mit: „Sie wissen wohl, daß das Unwohlsein der Frau Devrient darin besteht, daß sie in der Hoffnung ist."

52 Carl Devrient, seit 1838 als Schauspieler in Hannover, war ein populäres und gefeiertes Mitglied des hannoverschen Hoftheaters. Er wurde am 28. Juli 1869 zum hannoverschen Ehrenbürger ernannt. Sein Ehrengrab befindet sich auf dem Engesohder Friedhof (Abt. 12, Nr. 1), und eine 1876 in der Südstadt angelegte Straße trägt seinen Namen (vgl. Mlynek/Röhrbein, 2009, 133). Der Hannoversche Courier veröffentlicht am 29.7.1869 den Text des aus Anlass seines 50jährigen Bühnenjubiläums verliehenen Ehrenbürgerrechts-Diploms sowie des zugehörigen städtischen Begleitschreibens, die am 27.7.1869 nach Karlsbad versandt wurden. Über das zu Devrients Ehren später im Konzertsaal des Königlichen Hofopernhauses veranstaltete Festessen berichtet der Courier ausführlich am 20.9.1869

53 Eisenberg, 1903, 196

54 wie Anm. 53

55 Burgtheater (Dramaturgie): Schriftliche Mitteilung von Liselotte Anton vom 10.11.1982 auf eine Anfrage von Hans Ertel, Hannover (im Besitz des Verfassers)

56 Vgl. Das interessante Blatt, Nr. 9, 2.3.1899, 13

57 Neues Wiener Journal, Nr. 1921, 26.2.1899, 9. „Was der Himmel zusammenfügt, soll die Generalintendanz nicht trennen – und so bleiben Herr und Frau Devrient zusammen. Beim Burgtheater nämlich. Von Tisch und Bett geschieden, aber nicht vom Repertoire" (Wiener Caricaturen, Nr. 36, 2.9.1900, 3)

58 Der Floh, Nr. 9, 26.2.1899, 3

59 Bab, 1932, 253.

60 Vgl. Neues Wiener Tageblatt (Tages-Ausgabe), Nr. 94, 7.4.1929, 9. „In Wien war es seinerzeit jedem klar, daß der Dispens der Verwaltungsbehörde nicht etwa aus leichtfertiger Begünstigung eines beliebten Schauspielers, sondern aus menschlicher Einsicht kam; er sollte einer Situation, die ja nun einmal sachlich nicht zu ändern und zu bessern war, eine würdige Form schaffen" (Berliner Börsen-Zeitung, Nr. 497, 14.11.1920, 4). Regine Devrient (1868-1955) fand ihre

letzte Ruhestätte in dem ihren Mann gewidmeten Ehrengrab auf dem Wiener Zentralfriedhof Gruppe 32 C, Nr. 10

61   Hadamowsky, 1962, 149.

62   Schlesinger, 1914, 5

63   Friedjung, 1997, 376

64   Katharina Schratt (eigentlich verheiratete Baronin Kiss de Ittebe) (1853-1940) die wegen ihrer langjährigen (von der Kaiserin unterstützten und tolerierten) Beziehung zu Kaiser Franz Joseph stets Gesprächsstoff bot, war seit 1883 (bis zu ihrer dort selbst eingereichten Kündigung) bis 1900 mit großem Erfolg als Schauspielerin am Burgtheater tätig. Babette, die zuvor auch mit ihr gemeinsam auf der Bühne gestanden hatte, folgte ihr in einigen Rollen nach. So lesen wir im Dezember 1900 über eine Reihe von Neubesetzungen in dem Lustspiel „Ein Glas Wasser": „Abgesehen von einem kleinen Stich ins Bourgeoishafte, gab Frau Reinhold-Devrient die kleine Königin nicht so stattlich und königlich wie ihre Vorgängerin in dieser Partie, Frau Schratt, doch gleichfalls voll naiver Anmuth." (Neues Wiener Tagblatt, Nr. 358, 31.12.1900, 5). Zum Hintergrund der Kündigung Schratts weiß Bourgoing (1964, 308 f.), dass bei der anstehenden Vertragsverlängerung ihre Wünsche zu geringe Berücksichtigung fanden und sie in einem Anfall nervöser Gereiztheit ihren Rücktritt angeboten habe. „Vermutlich sollte dies nur eine Drohung sein, das Oberhofmeisteramt beeilte sich aber, im Einvernehmen mit Direktor Schlenther das Entlassungsgesuch dem Kaiser zu unterbreiten, der es in seiner reservierten Haltung genehmigte, sei es, daß er den Rücktrittsentschluß seiner Freundin ernst nahm, sei es, daß ihm ihr Scheiden von der Hofbühne unter den gegebenen Verhältnissen als eine wünschenswerte Lösung erschien." Als Katharina Schratt nach ihrem Abschied vom Burgtheater im Oktober 1901 im Theater an der Wien zu Gunsten des Anzensgruber-Denkmals mit großem Erfolg in zwei Stücken auftritt, kommentiert die Wiener Allgemeine Zeitung (Nr. 7086, 23.10.1901, 2) die Hintergründe ihres Ausscheidens: „Man weiß, wie Frau Schratt planmäßig zurückgesetzt wurde, wie ihre besten schauspielerischen Kräfte ungenutzt blieben, wie sie langsam, aber sicher aus dem Repertoire hinausgedrängt wurde, bis sie selbst,

unzufrieden und mit Recht erzürnt, einem Hause den Rücken kehrte, in welchem statt objektiver Kunstführung eine intrigante Coulissendiplomatie am Ruder ist." Auf dem von Josef Fux (1842-1904) für das neue Burgtheater geschaffenen Hauptvorhang war Katharina Schratt übrigens als heitere Muse abgebildet.

65   Loewy, 1929, 4

66   Vgl. Unterreiner, 2014, 59-62

67   Sport und Salon, 5. Jg., Nr. 50, 13.12.1902, 19

68   Vgl. Wiener Abendpost, Nr. 181, 9.8.1892, 13 (3)

69   Vgl. Die Zeit, Nr. 1718, 8. Juli 1907, 3; Neues Wiener Journal, Nr. 4840, 14. April 1907, 8; Neue Freie Presse, Nr. 14738, 3.9.1905, 7

70   Hadamowsky, 1962, 220. Alfred Fürst von Montenuovo (1854-1927) war von 1909 bis 1917 der Obersthofmeister des Kaisers

71   Neues Wiener Journal, Nr. 810, 17.5.1914, 3. Die Beschreibung lautet wie folgt: „Nr. 1. Toilette für Hofschauspielerin Babette Devrient-Reinhold. Weiße Taffettoilette, unterhalb des Knies mit Gummi eingezogen. Darüber fällt eine Tunique. Weißer breiter Gürtel, rückwärts in Schleifen herabfallend. Taille mit eingenähten Ärmeln. Darüber langes, schwarzes, plissiertes Tüllcape mit Spitzenvolants, ceriserotem Samtband und roten Rosen − rückwärts im Nacken garniert. Schwarzer Paradiesreiherhut, weißer Sonnenschirm." Längst widerlegt war damit also eine Bemerkung der Wiener Zeitung (Nr. 136, 14.6.1889, 13) anlässlich ihres ersten Auftritts als Mitglied des Burgtheaters, wo es seinerzeit hieß: „Daß Frl. Reinhold sich, heute noch, schlecht kleidet, möchten wir nicht allzu sehr betonen, gute Schneider und Schuster giebt es in Wien genug, um diesem Uebelstande abzuhelfen."

72   Vgl. Illustrierte Kronen-Zeitung, Nr. 6658, 18.7.1918, 4

73   Marilann, 1920, 4

74 Anlass zur Einführung der Ehrenmitgliedschaft war 1922 das damalige 40-jährige Bühnenjubiläum von Max Devrient. Offizielle Richtlinien zur Verleihung wurden erst Mitte 1925, also kurz vor dem 150jährigen Jubiläum des Burgtheaters, erlassen. Geehrt werden dürfen demnach nur sehr prominente, verdienstvolle Ensemblemitglieder nach langjähriger Zugehörigkeit zum Burgtheater

75 Vgl. Neue Freie Presse, Nr. 22114, 8.4.1926, 9

76 Arbeiter Zeitung, Nr. 295, 25.10,1929, 8. Wieder einmal wird bei diesem Anlass auch ihr Geschmack gelobt, sich zu kleiden: „Sie sieht in ihrem weißen, glänzenden Crepe-Satin-Kleid mit dem genialischen Faltenwurf, der Schleppe und den überlangen schwebenden Aermeln, mit der schwarzen Kapuze aus Crepe Georgette wirklich jung aus. Im letzten Akt wirkt sie geradezu blendend mit ihrem rotgefärbten Lockenkopf, der zu dem rot-bunt schillernden Brokatkleid, das ein reizvoller Tüllschal umgibt und dem Brillantschmuck fabelhaft gut steht." (Neue Freie Presse, Nr. 23391, 27.10.1929, 18)

77 Der Tag, Nr. 2426, 24.10.1929, 8. Der Beschluss hierzu war in vertraulicher Sitzung am 22.10.1929 ergangen (vgl. Amtsblatt, 1929, 1254). „Frau *Devrient-Reinhold,* die erst kürzlich ihr Burgtheater-Jubiläum feierte, nannte Bürgermeister Seitz (bei der Überreichung des Bürgerrechtsdiploms am 6. November 1929, d.V.) eine der sichersten Stützen ihrer Bühne, heute noch durch ihre Kunst an die Glanzzeit des Burgtheaters erinnernd." (Der Tag, Nr. 2439, 8.11.1929, 4)

78 König, 1929, 5

79 Vgl. Neue Freie Presse, Nr. 24147, 4.12.1931, 7

80 Vgl. Neue Freie Presse, Nr. 24154, 11.12.1931, 7

81 Vgl. Kleine Volks-Zeitung, Nr. 58, 28.2.1936, 8. Dass sie nicht ganz von der Bühne verschwunden war, zeigt auch die Ankündigung ihrer Mitwirkung in der Komödie „Kyrill reist ins Abendland" im Theater in der Josefstadt (vgl. Der

Wiener Tag, Nr. 3413, 18.11.1932, 6). Sie stand dabei mit ihrem alten Burgtheaterkollegen Hugo Thimig (1854-1944) auf der Bühne

82   Vgl. Neue Freie Presse, Nr. 24216, 13.2.1932, 7

83   Von einem überraschenden Geschenk zum 70. Geburtstag kündet folgende Nachricht: „Auch ein Großbild von Mussolini mit Unterschrift ist eingetroffen, um Frau Reinhold-Devrient zu zeigen, wie sehr man sie in aller Welt heute noch schätze [...]" (Kleine Volks-Zeitung, Nr. 273, 4.10.1933, 9). Für eine Nähe Babettes zum Faschismus gibt es allerdings keine Hinweise, denn ihre Erwähnung bei Rebhann (1973, 78) gilt nur ihrem Ableben im Jahr 1940. Es gab aber eine (heute wenig bekannte) Beziehung Benito Mussolinis (1883-1943) zum Theater: Zusammen mit Giovacchino Forzano (1884-1970) hat er drei Theaterstücke verfasst. „Campo di Maggio" von 1930 (das die hundert Tage zwischen Napoleons Rückkehr von Elba bis zur Niederlage bei Waterloo behandelt) erlebte unter dem Titel „Hundert Tage" am 22. April 1932 mit Werner Krauß in der Titelrolle eine erste Aufführung am Burgtheater. Allerdings stand Babette bei dieser Vorstellung nicht auf der Bühne. Die hannoversche Erstaufführung des Stückes fand am 11. März 1934 im Schauspielhaus (Schauburg) statt (vgl. Hannoverscher Kurier, Nr. 84, 20.2.1934,8)

84   Vgl. Thury, 1933, 4

85   König, 1932, 4 f.

86   Neue Freie Presse, Nr. 23377, 13.10.1929, 12

87   Klaus, versch. Jahrgänge

88   In dem unter der Regie von Friedrich Fehrer 1924 gedrehten Stummfilm „Ssanin" hatte sie die Rolle der Mutter Ssanins übernommen. Den Diener bei Ssanin spielte übrigens Hans Moser

89   Der Wiener Film. Zentralorgan der österreichischen Filmproduktion, 2. Jg.,Nr. 2, 12.1.1937, 1

90   Kleine Volks-Zeitung, Nr. 210, 1.8.1936, 4

91   Österreichische Volks-Zeitung, Folge 165, 17.6.1940, 4

92   Illustrierte Kronen-Zeitung, Nr. 14.515, Sonntag, 16.6.1940, 7

93   Völkischer Beobachter (Wiener Ausgabe), 168. Ausgabe, Sonntag, 16.6.1940, 5

94   WStLA (Wiener Stadt- und Landesarchiv), Serie 2.5.1.4.K11 – Prominenten-sammlung/19. Jh. – 20. Jh.

95   Reichspost, Nr. 295, 25.10.1929, 7

96   Mein Dank gilt der Leiterin des Kirchenbuchamtes Birgit Klein. Die Einsicht in das von ihr ermittelte „Geburts- und Taufbuch" der Marktkirche (1. Jan. 1859 bis 31. Dcbr. 1864, 187. Lfd. Nr. 216) erfolgte dann über das Kirchenbuchportal www.archion.de

97   Nöldeke, 1932, 548 f.) beschreibt das Haus Leinstraße 24 als ziegelmassives Giebelhaus der Renaissancegruppe in Putz bei Sandsteinverwendung von etwa 1605, dessen Front allerdings schon 1837 gänzlich entstellt gewesen sei. Im Zuge des Straßendurchbruchs der Karmarschstraße (damals Grupenstraße) wurde es 1889 abgerissen

98   Vgl. Erich Rosendahl: Babette Devrient-Reinhold, in: Archiv für Sippenfor-schung und alle verwandten Gebiete, 18. Jg., Heft 3, 1941, 66

99   Loewy (1929, 4) weiß, dass ihr der Theatername von ihrer ersten und einzigen Lehrerin (Auguste Gey) verliehen wurde. Übrigens sei auf eine interessante Duplizität des Namens hingewiesen: Als 1776 mit Gründung des Burgtheaters der Kaiser den Schauspieler Müller nach Hamburg schickte, um den berühmten Johann Franz Brockmann (1745-1812) zu sehen und für Wien zu gewinnen so-wie sich auch in Dresden und Berlin nach neuen Kräften umzusehen, wurde dieser zur Geheimhaltung seiner Mission mit einem Pass auf den Namen „Rein-hold" ausgestattet (vgl. Glossy, 1926, 19 f.)

100   Babette hat übrigens aus ihrem wahren Alter später kein Geheimnis gemacht. Im Interview mit Otto König (1929, 5) wird sie nämlich zutreffend als 66-jährige

vorgestellt und zu ihrem 70. Geburtstag 1933 gibt sie der Zeitung ein ausführliches Interview (Thury, 1933, 4)

101 Rosendahl, 1941, 66. Übrigens hatte sich auch Katharina Schratt zu Beginn ihrer Karriere als um zwei Jahre jünger ausgegeben

102 Loewy, 1929, 4

103 Vgl. Devrient-Reinhold, 1929, 11

104 Eine Recherche über „familysearch.org/de" (aufgerufen am 20.1.2021) zeigt die Namen von insgesamt acht Geschwistern, nämlich sechs Mädchen und zwei Jungen. Wenn Max Devrient in einem Brief im Januar 1897 „wegen des Todes von Babettes Bruder" für sich und seine Frau einen Balltermin absagt und erklärt, dass beide in dieser Faschingssaison auch keine weiteren solchen Termine wahrnehmen würden, bezieht sich diese Nachricht auf ihren Bruder Dr. Heinrich Friedrich Maasch, der am 10. Januar 1865 in Hannover geboren wurde und am 6. Dezember 1896 in New York verstarb (vgl. auch den Nachruf in der New York Revue vom 7.12.1896)

105 Holzer, 1929, 9

106 Landeshauptstadt Hannover, 2013, 42

Literatur

Amtsblatt der Stadt Wien

Arbeiter Zeitung (Wien)

Berliner Börsen-Zeitung

Berliner Tageblatt

Bab, Julius: Die Devrients. Geschichte einer deutschen Theaterfamilie, Berlin 1932

Bourgoing, Jean de (Hrsg.): Briefe Kaiser Franz Josephs an Frau Katharina Schratt, Wien/München 1964

Brunnbauer, Heidi: Im Cottage von Währing/Döbling ... Interessante Häuser – interessante Menschen, Gösing/Wagram 2003

Conversations-Blatt (Beilage zum Regensburger Tagblatt)

Das interessante Blatt (Wien)

Delius, Ingeborg: Das Thalia-Theater in Hamburg unter der Direktion von Ch. S. Maurice 1843-1893, Leipzig 1931

Der Wiener Film. Zentralorgan der österreichischen Filmproduktion

Der Wiener Tag

Deutsche Kunst und Dekoration

Devrient, Carl (Karl) August, in: Mlynek, Klaus/Waldemar R. Röhrbein, 2009, S. 133

Devrient-Reinhold, Babette: Das Burgtheater meiner Jugend. Erinnerungen und Geschichten aus vergangener Zeit, in: Neue Freie Presse, Nr. 23377, 13.10.1929

Der Floh

Der Tag (Wien)

Deutsche Kunst- und Musik-Zeitung

Die Bombe

Die Presse (Wien)

Die redenden Künste (Leipziger Konzertsaal), III. Jg., 1896/97, Heft 16

Direktion des Burgtheaters (Hrsg.): Hundertfünfzig Jahre Burgtheater 1776-1926, Wien 1926

Eisenberg, Ludwig: Großes Biographisches Lexikon der Deutschen Bühne im XIX. Jahrhundert, Leipzig 1903

Ertel, Rainer: Babette Reinhold-Devrient (www.fembio.org)

Friedjung, Heinrich: Geschichte in Gesprächen und Aufzeichnungen 1898-1919, Band 1 (Herausgegeben und eingeleitet von Franz Adlgasser und Margret Friedrich), Wien/Köln/Weimar 1997

Gallus: Unveröffentlichte Briefe Paul Heyses. Zu seinem 100. Geburtstag am 15. März 1930. Mitgeteilt von Gallus, in: Neues Wiener Journal, Nr. 13.043, 14.3.1930

Geburts- und Tauf-Buch der hannoverschen Marktkirche Sankt Jacobi u. Georgii (1. Jan. 1859 bis 31. Dcbr. 1864)

Genossenschaft Deutscher Bühnen-Angehöriger (Hrsg.): Neuer Theater Almanach, 1. Jg., Berlin 1890

Genossenschaft Deutscher Bühnen-Angehörigen (Hrsg.): Deutsches Bühnen Jahrbuch, 25. Jg., Berlin 1914

Glossy, Karl: Aus der Gründungszeit des Burgtheaters, in: Hundertfünfzig Jahre Burgtheater. Eine Festschrift (Herausgegeben von der Direktion des Burgtheaters), Wien 1926

Hadamowsky, Franz: Hugo Thimig erzählt von seinem Leben und dem Theater seiner Zeit. Briefe und Tagebuchnotizen ausgewählt und eingeleitet von Franz Hadamowsky, Graz/Köln 1962

Hannoverscher Courier

Holzer, Rudolf: Babette Reinhold-Devrient, in: Wiener Zeitung, Nr. 247, 24.10.1929

Illustrierte Kronen-Zeitung

Illustrirte Zeitung

Klaus; Ulrich J.: Deutsche Tonfilme: Lexikon der abendfüllenden deutschsprachigen Filme (1929-1945), chronologisch geordnet nach den Daten der Uraufführungen in Deutschland sowie der in Deutschland produzierten, jedoch nicht zur Uraufführung gelangten Filme, Berlin/Berchtesgaden, div. Jahrgänge

Kleine Volks-Zeitung (Wien)

König, Otto: Babette Devrient-Reinhold jubiliert. Die vierzigjährige Zugehörigkeit der Künstlerin zum Burgtheater, in: Neues Wiener Journal, Nr. 12.904, 24.10.1929

König, Otto: Mein Abschied vom Burgteater. Gespräch mit Babette Reinhold-Devrient, in: Neues Wiener Journal, Nr. 13.791, 13.4.1932

Königswarter-Formes, Margarethe: Eine kurze Burgtheatererinnerung, in: Neue Freie Presse, Nr. 22.114, 8.4.1926

Landeshauptstadt Hannover (Hrsg.): Bedeutende Frauen in Hannover. Eine Hilfe für künftige Benennungen (Straßen, Wege, Plätze und Brücken) nach weiblichen Persönlichkeiten, Hannover 2013

Loewy, Siegfried: Aus verklungenen Burgtheatertagen. Zum Jubiläum von Babette Reinhold-Devrient, in: Der Tag, Nr. 2425, 23.10.1929

Marilann, Karl: Gespräch mit Babette Devrient-Reinhold, in: Neues Wiener Journal, Nr. 9697, 3.11.1920

Mlynek, Klaus/Waldemar R. Röhrbein (Hrsg.): Stadtlexikon Hannover. Von den Anfängen bis in die Gegenwart, Hannover 2009

Möhring, Paul: Bühne frei. Amüsantes und Interessantes Hamburger Theater, Hamburg 1958

Münchener Kunst- und Theater-Anzeiger

Neue Freie Presse (Wien)

Neue Illustrierte Zeitung (Wien)

Neues Wiener Tag(e)blatt

Neues Wiener Journal

Neuigkeits Welt-Blatt (Wien)

New York Revue

Nöldeke, Arnold: Die Kunstdenkmale der Stadt Hannover, 1. Teil, Hannover 1932

Norddeutsche allgemeine Zeitung, Morgen-Ausgabe

Österreichische Musik- und Theaterzeitung

Österreichische Volks-Zeitung

Ramberg, G.: Babette Reinhold, in: Allgemeine Theater-Chronik, Nr. 24, 11.6.1887

Rebhann, Fritz M.: Das braune Glück zu Wien. Sammlung Das einsame Gewissen. Beiträge zur Geschichte Österreichs 1938 bis 1945, Band VI, Wien/München 1973

Reichspost. Unabhängiges Tagblatt für das christliche Volk Oesterreich-Ungarns

Rosendahl, Erich: Babette Devrient-Reinhold, in: Archiv für Sippenforschung und alle verwandten Gebiete, 18.Jg., Heft 3, 1941

Sales: Geschichten von vierzig Jahren Burgtheater. Zum Burgtheaterjubiläum Babette Reinhold-Devrients, in: Neues Wiener Journal, Nr. 12.879, 29.9.1929

Saßmann, Hanns: Die vom Burgtheater scheiden …! Ein wehmütiger Nachruf, in: Wiener Journal, Nr. 13.733, 14.2.1932

Schlesinger, Siegmund: Jahrestage im Burgtheater, in: Neues Wiener Journal, Nr. 7418, 21.6.1914

Schorers Familienblatt. Eine illustrierte Zeitschrift, Beilage zu Nr. 5 – 1889

Seidlin, Oskar (Hrsg.): Der Briefwechsel Arthur Schnitzler – Otto Brahm. Vollständige Ausgabe, Tübingen 1975

Sonnenthal, Hermine von (Hrsg.): Adolf von Sonnenthals Briefwechsel, Band 1, Stuttgart 1912

Sport und Salon. Illustrierte Zeitschrift für die vornehme Welt (Wien)

Strejcek, Gerhard: Ein Dresdner Pfarrer in Wien. Pfarrer Paul Zimmermann und die evangelische Gemeinde 1875-1925, Berlin 2023

Thury, Elisabeth: Babette Reinhold-Devrient kehrt in den Alltag zurück, in: Wiener Allgemeine Zeitung, Nr. 16616, 13.2.1932

Unterreiner, Katrin: Kein Kaiser soll uns stören. Katharina Schratt und ihre Männer, Wien/Graz/Klagenfurt 2014

Völkischer Beobachter (Wiener Ausgabe)

Wiener Abendpost (Beilage zur Wiener Zeitung)

Wiener Allgemeine Zeitung

Wiener Caricaturen

Wiener Stadt- und Landesarchiv (WStLA)

Wiener Sonn- und Montagszeitung

Wiener-Theater-Zeitung

Wiener Zeitung

Personenverzeichnis

Hauser, Susanne (siehe Devrient)
Heesters, Johannes **46**/-
Hellmer, Edmund **25**/-
Herterich, Franz **40,41,46**/-
Heyse, Paul **14**/-
Hohenfels(-Berger), Stella **8,11,21,23,30,31**/*12,30,34,35,47*
Hruby, Elisabeth **26**/-
Kainz, Joseph **12**/-
Kaiser Franz Joseph I. **11,26,27,31,37,38,57**/*51,64*
Kaiser Karl.I. **39**/-
Kiepura, Jan **48**/-
Kleist, Heinrich v. **9**/-
König Georg V. von Hannover **52**/-
Königswarter, Heinrich Maximilian v., Baron **18**/-
Königswarter-Formes, Margarethe, Baronin **18**/-
Korá, Adrienne v. -/*34*
Kostin, Adrienne v. (siehe Korá)
Krauß, Werner -/*83*
Kreuder, Peter **46**/-
Kundmann, Carl **83**/-
Laube, Heinrich **18**/*1*
Lindau, Paul **21**/-
Maasch, Barbara Friederike (geb. Müller) **51**/-
Maasch, Babette (siehe Reinhold)
Maasch, Ernst Ferdinand **51**/-
Maasch, Heinrich Friedrich **52**/-
Maasch, Heinrich Friedrich Dr. -/*104*
Maasch, Regine Elise (siehe Devrient)
Maasch, Sophie Charlotte (geb. Bestmann) **52**/-
Marberg, Lili **42**/-
Maugham, William Somerset **41**/-
Maurice, Chérie **15**/*1*
Maurice, Gustav **15**/*1,14*

Medelsky, Lotte (Karolina) **31**/-
Metternich, Lothar, Fürstin **39**/-
Montenuovo, Alfred v., Fürst **39**/*70*
Moser, Hans -/*88*
Mussolini, Benito -/*83*
Pailleron, Édouard **23**/-
Pallas, Anna -/*17*
Palmer, Eduard **28**/*43*
Pollini, Bernhard -/*1*
Possart, Ernst..-/*13*
Prager, Olga **54**/-
Radziwill, Olga, Prinzessin **39**/-
Reinhold, Babette **passim**
Reinhold, Heinrich **54**/-
Röbbeling, Hermann **43**/-
Roth, Leopold **28**/-
Salmhofer, Franz **42**/-
Sandrock, Adele **46**/-
Sardou, Victorien **8**/-
Semper, Gottfried v. **83**/-
Shakespeare, William **31**/-
Schlenther, Paul -/*64*
Schmitz, Sybille **46**/-
Schnitzler, Arthur -/*47*
Schönthan, Franz v. **20**/-
Schratt, Katharina **31,37,39**/*34,64,101*
Seitz, Karl -/*77*
Sonnenthal, Adolf v. **7,20,24**/*3,4*
Sorma, Agnes **30**/*17*
Swoboda, Margarethe -/*34*/
Sudermann, Hermann **26**/-
Thimig, Hugo **37,39**/*7,81*

80

Tilgner, Viktor **25**/-
Tschechowa, Olga **47**/-
Wanka, Rolf **46**/-
Wessely, Josefine **12**/*23*
Westenholz, Carl Friedrich Ludwig **7**/*6*
Weyr, Rudolf **25,83**/-
Wilbrandt, Adolf **17**/*3,21*
Wilczek, Hans, Graf **28**/*43*
Wilde,Oscar **42**/-
Zimmermann, Paul v. **28**/*42*

Linke Seite

Der Mittelbau des von 1874 bis 1888 erbauten Burgtheaters am Universitätsring in Wien (oben): Grundriss von Gottfried Semper (1803-1879), Fassadengestaltung von Karl Freiherr von Hasenau (1833-1894) sowie Doppeladler und Krone in einem der bogenförmigen Fenster im Eingangsbereich des Hauses von innen (unten).

Rechte Seite

Attika des Burgtheaters mit der Statue von Apollo zwischen der Muse der tragischen Dichtung Melpomene mit Schwert (rechts) und der Muse der komischen Dichtung und Unterhaltung Thalia mit Satyrmaske (links); geschaffen von Carl Kundmann.(1838-1919). Darunter Bacchusfries von Rudolf Weyr.(1847-1914).

 Fotos: Rainer Ertel